究極のダイエット

トリプルバーン瘦身法

下村朱美
シェイプアップハウス代表取締役

Art Days

究極のダイエット　トリプルバーン痩身法　目次

究極のダイエット　トリプルバーン痩身法

はじめに

街には多くのエステティックサロンが軒を連ね、本屋にはいつも新しいダイエット本が並び、テレビの通販番組では痩せる食品や下着、機器の宣伝の花盛り。これほど宣伝広告がなされているということは、ダイエットに興味のある人たちの数が非常に多いということに他なりません。美容のため、健康のためなど理由は様々ですが、今の時代、痩せたらきれいになれる、痩せたら健康で長生きできると考える人が多くなってきているのではないでしょうか。

本やジョギング、通販で痩せたという人は、まず、エステティックサロンにいらっしゃいません。では、どうしてこんなに痩身をうたうエステティックサロンが多いのでしょうか？それは、あらゆることを試したけれど、自分一人では痩せられなかった、痩せたけれどリバウンドしてしまったという人が多いからに他なりません。エステティックサロンの数の多さは、それだけ「一人で痩せる」ことが難しいという現実の現れではないでしょうか。

私は三十年近く、エステティックという仕事に携わって参りました。ミス・パリやダンディハウスという総合エステティックサロンは多くのお客様の支持を頂き、好景気、不景気に関係なく順調に業績を伸ばしています。

さて、二〇〇〇年頃からでしょうか。日本人の体型が変わってきたと感じるようになりました。欧米人のような太り方をした人を、街でよく見かけるようになったのです。二十年前であれば、日本人はそこまでは太らないでしょうと思っていたラインを今はあっさりと超えてしまっています。

そこで私達は、二〇〇五年にミスパリダイエットセンターをオープンしました。このままでは、日本人の健康や長寿、そして美しさを失う事になると危機感を持ってのオープンでした。また、優雅な時が流れるエステティック ミス・パリでは、ビシッとした指導ができにくい環境があったのも理由の一つです。ミスパリダイエットセンターを作るにあたり、かなり詳しい痩身の教育プログラムを作りました。

二〇〇四年にはトリプルバーン痩身法はすでに医学的にもスポーツ医科学的にもその効果が実証されていましたが、そのデータを理解するだけの専門知識がエステティシャンの教育カリキュラムになかったからです。

そこで、筋肉やスポーツ、食事や栄養、お客様の心理状態、サロンへの通い方、指導の仕方、高度な機器の扱い方、新しい痩身技術、商品知識、ありとあらゆることが、高度に専門的に進化し、それに合わせた教育が始まったのです。

私達は、二〇〇五年から痩身の専門教育を受けたミスパリダイエットセンターで働くエステティシャン達をダイエットカウンセラーと呼んでいましたが、二〇一〇年、特定非営利活動法人ソワンエステティック協会の協力を得て、ダイエットプロフェッショナルの資格として認定されるようになりました。

私達は、最先端のトリプルバーン痩身法のシステムを携え、日本の伝統文化と共にある、ホスピタリティあふれる接客法で、世界中の人達に健康や美しさをお届けしたいと考えています。

それによりメイド・イン・ジャパンのエステティックファンを世界中に増やせたらこれ以上の幸せはありません。

シェイプアップハウス　代表取締役　下村　朱美

1章　あなたが太るのには必ず理由がある！

――太る仕組みを知れば、瘦せる方法を見つけることができます

肥満はなぜいけないの？

「どうしてそんなに痩せたいんですか？」と聞かれたら、あなたならなんと答えるでしょうか？　「痩せてきれいになりたい」「ブランドの服を着こなしたい」「心身共に若返りたい」など、ダイエットの動機はまさに人さまざまです。

しかしダイエットの必要性は、決してこうした美容上の理由だけではありません。肥満が続くと、高血圧、脂質異常症（高脂血症）、糖尿病などの生活習慣病にかかりやすくなることは知られていますが、それだけではなく動脈硬化を促進し、心筋梗塞や脳梗塞などの命にかかわる病気を発症するリスクも高まると指摘されています。

また、こうした内臓疾患だけではなく、重い体重を支えるために過度に腰や膝に負担がかかるために、腰痛や膝痛などの原因にもなるのです。

一方男性の場合、以前は「多少お腹が出ているくらいの方が貫録があってよい」などとも言われましたが、欧米などでは「肥満差別」という言葉が使われるほど、過度の肥満は仕事上にも悪影響を与える時代になっているのです。

■肥満が続くとリスクが高まる病気

1　心筋梗塞（BMI値が30以上で約1・9倍）
2　脳梗塞（同約1・7倍）
3　腰痛
4　痛風（約2・5倍）
5　胆石（約3倍）
6　変形性膝関節症
7　月経異常・不妊
（BMI値が35を超えると月経異常の頻度は約5倍）
8　睡眠時無呼吸症候群
9　逆流性食道炎

肥満を放置していると、生活習慣病や腰痛など、
さまざまな病気のリスクが高まります。

まずは太るメカニズムを理解しましょう

自分ではそれほどたくさん食べている自覚もないし、運動だって少しは実践しているつもりなのに、年齢を重ねるごとに少しずつ太っていき、気が付いたらお腹周りや太もも、二の腕などにたるみが……そんな悩みを抱えている人は、決してあなた一人ではないはずです。

では、人はどうして太ってしまうのでしょうか。太るとは、決して体重が増えたことだけを指すのではなく、体脂肪が増えたことを意味します。そしてその原因は、通常たった一つしかありません。それは摂取カロリーが消費カロリーをオーバーするからです。

食べる量が多ければ、当然摂取カロリーが増えます。そして食べる量が普通であっても、排泄や代謝がスムーズでなければ、摂取したカロリーを上回る消費をすることができません。このように、摂取カロリーが消費カロリーをオーバーしてしまうことには、いくつかの理由があります。

■慢性的な運動不足

意外に思われるかもしれませんが、文部科学省の調査によると、現代では、塾通いなどで運動不足に陥っていると思われがちな都会で暮らす子ども達よりも、自然の中でのびのびと活発に生活していると思われがちな地方で暮らす子ども達の方が肥満率が高いそうです。

その理由は、都会と地方のライフスタイルの違いにあります。地方では、人口の減少による公共交通機関の縮小などで、車がなくては生活が成り立たなくなっています。そこで学校への送迎から買い物に至るまで車で済ませてしまう傾向があり、そうなればどうしても歩く時間が少なくなってしまいます。

また、少子化の影響で、放課後近所で一緒に遊ぶことができる子どももいないため、地方に暮らす子ども達は、どうしても部屋にこもってゲーム三昧といった生活に陥りがちな傾向があり、これが肥満の原因に繋がっているというのです。

これを私達の日常に置き換えてみましょう。仕事場ではデスクワークで一日中座りっぱなし、買い物はインターネットで発注して家まで配達してもらう、どこでもエレベーターやエスカレーターが完備しているといった環境では、特別な運動習慣でも持っていないと、どうしても慢性的に運動不足になってしまうのです。

■間食が多い

私共のサロンにお通いのお客様の中にも「私、あまり食べていないのに何故太るのでしょう」という方がいらっしゃいます。

しかし、そうした方の話を、カウンセリングの中でじっくり聞いてみると、おやつと称してお菓子やケーキなどを食べ、そこで満腹になってしまうために主食の量がやや少なくなっているだけであったり、炭酸飲料などを水やお茶代わりに飲んでいるという方が実に多いのです。

「お菓子を食べたって、その代わりにご飯の量を減らせば大丈夫」という考え方は、実は大きな誤りです。主食で摂取できるたんぱく質などは、基礎代謝を上げるために必要な筋肉を作る助けになりますが、ケーキやお菓子、ジュースに多く含まれる単純糖類は、体内で中性脂肪に変わりやすく、これが肥満の原因となってしまいます。

■加齢

女性の場合を例にとると、一般的に20代半ばを過ぎたあたりから、新陳代謝が低下していきます。つまり、今までと同じように食べ、同じように生活していても、自然と消費エネルギーが少なくなってしまうのです。

この身体の仕組みを知らずに、年齢を重ねてからも若い時と変わらぬ生活を送っていれば、当然、太ってしまいます。

日常生活のなにげない習慣が、肥満の原因となっています。

■ストレスを溜めこみやすい

「失恋の悲しみをヤケ食いではらす」などと昔からよく言われるように、ストレスと食欲には相関関係があり、深刻なケースでは精神的な不安定が摂食障害を引き起こしてしまう場合もあります。こうなってしまったら一般的なダイエットではなく、医療機関に通って治療することが必要です。

そしてそこまで深刻ではなくても、慢性的にストレスを抱えていると、「セロトニン」と呼ばれる脳内物質が不足しがちになります。

このセロトニンは、満足感、充実感をつかさどる物質で、不足すると満腹感を得にくくなるといわれ、そのために過食傾向に陥りがちになってしまうほか、基礎代謝を下げ、脂肪の燃焼を妨げる傾向もあるといわれています。というわけで、ストレスは肥満を招く一因となってしまうのです。

肥満は遺伝と諦めなくてはいけないの？

サロンにお通いのお客様の中にも「母も父も、そして祖父母も太っているから、私の肥満は遺伝だと思って諦めていました」という方がいらっしゃいます。

実際、両親の体格と子どもの体格を比較したデータに、以下のようなものがあります。

両親とも肥満でない子どもが肥満になる割合　10％
両親のうちどちらかが肥満の場合で子どもが肥満になる割合　50％
両親とも肥満の場合で子どもが肥満になる割合　80％

とくに、父親よりも母親が太っている場合のほうが、子どもの肥満が多くなるといわれています。ただ、それは遺伝的要素というよりも、物理的に子どもと一緒に過ごす時間の多い母親の方が、子どもの食生活や生活習慣に与える影響が大きいことが主な原因のようです。

専門家の意見では、肥満はその3割が遺伝的要因、残りの7割が後天的要因だといわれています。

肥満のメカニズムはとても複雑です。つまり、遺伝的要因のみで太ることはなく、遺伝と環境の二つの要因が揃ってしまうことで肥満に繋がると考えられています。

ただ、こうした家族間での遺伝的要素だけではなく、最近では肥満に関わるいくつかの遺伝子が発見されています。

実はこうした遺伝子は、はるか昔に地球上に人間が誕生してからの生活を反映したものなのです。

原始時代、狩りで獲物が捕まれば食事にありつけ、捕まらなければ何日も食べられないという生活でした。そのような状況下では、エネルギーを貯めこむことができる人こそ長生きができ、子孫を残すこともできました。そうした環境の中で生まれたのが「エネルギー倹約遺伝子」で、日本人の3~4人に1人は、この遺伝子を持っているといわれており、この遺伝子を持っている人は、残念ながら遺伝的に太りやすい体質だと言われています。

たとえ遺伝的に太りやすい体質であっても、正しいダイエットを実践すれば、必ず痩せることができます。

肥満の原因は大きく2種類に分けられる

肥満の原因は、「単純性肥満」と「症候性肥満」の2種類に分けることができます。

このうち症候性肥満に関しては、ホルモンの分泌異常や脳の疾患からくる摂食異常、薬の副作用といった病気や身体機能の異常によって起こる肥満であり、食事の量や生活習慣とは無関係の肥満です。この場合は医師による診察や治療が必要であり、一般的なダイエットでは対応できません。

通常のダイエットやエステティックサロンに通う対象となるのは単純性肥満で、肥満のほとんどは、この単純性肥満だといわれています。

単純性肥満の主な原因は、太るメカニズムで説明したように、摂取カロリーが消費カロリーをオーバーするためです。単純性肥満を引き起こす食生活や生活習慣には以下のようなものがあります。

■単純性肥満を引き起こす主な原因

食習慣

不規則な食事・偏食・過食・ドカ食い・早食い・夜間の多食・朝食の欠食・夕食重点主義・週末過食症・ながら食い・アルコールの多飲

社会・環境的因子

肥満した親に食生活のパターンをそのまま伝えられた（刷り込み現象）・ストレスが多い生活環境にいる

生活習慣

運動不足

肥満の95％はダイエットを実践すれば解消できる！

あなたのプロポーションを崩す「三つの脂肪」

脂肪は、その性質やつく部位によって3種類に分けることができます。

内臓周りにつき、糖尿病や高血圧など様々な生活習慣病を引き起こす原因ともなるのが「内臓脂肪」です。男性では腹囲（へそ周辺）が85㎝以上、女性では腹囲が90㎝を超えると、内臓脂肪型肥満の疑いが強いとされています。

皮膚の下につき、外見上の体型を崩す原因となるのが「皮下脂肪」で、二の腕、下腹、お尻、太ももなどにつきやすい特徴があります。

そして皮下脂肪が固く肥大化したもので、肌表面に凸凹としたかたまりのように見える脂肪が「セルライト」です。皮下脂肪が肥大化すると、周囲の血管やリンパ管を押しつぶし、循環が悪くなってしまうため脂肪が燃焼できずに、固く、冷たくなって、エネルギー源にはならない、壊死した脂肪「セルライト」になってしまいます。個人差はあるものの、一般的に女性は男性に比べ、皮下脂肪やセルライトがつきやすい傾向にあります。

プロポーションを崩す原因となる
三つの脂肪

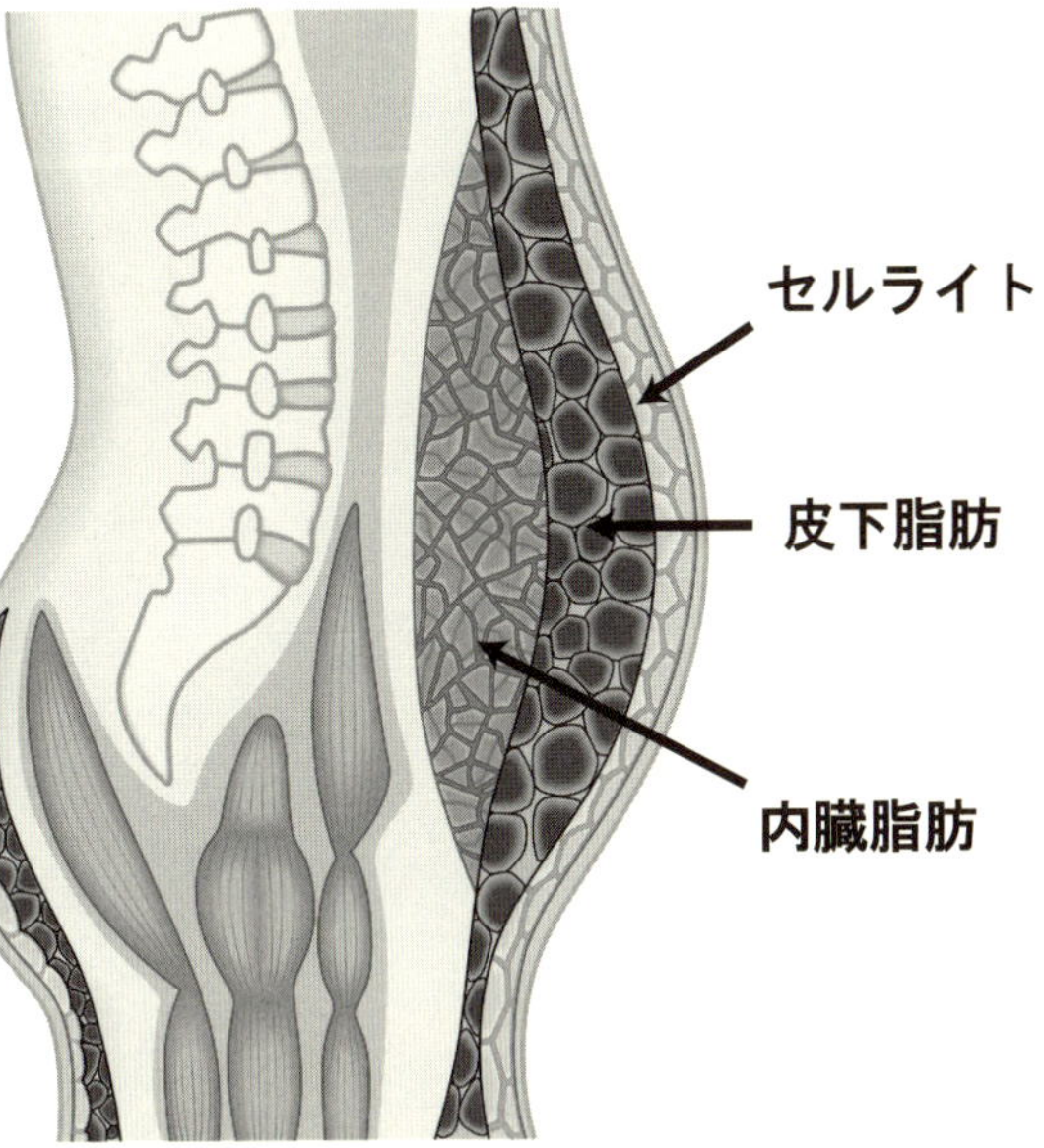

あなたの太り方はどのタイプ？　太り方には三つのタイプがある

ひとくちに肥満といっても、太り方や太ってしまった原因によって大きく三つのタイプに分類することができます。太り方の違いによって、ダイエットの方法も当然変わってきます。

■お腹ポッコリ！　内臓脂肪型

外見上のタイプは？

・ウエスト周りから太っていくため、外見上はお腹だけがポコッと出ているように見える
・太ると二重あごになりやすい

特徴は？

・男性や閉経後の女性がなりやすい

・基礎代謝量が低い
・糖分を分解するインスリンの分泌量が低い傾向があるので、糖分で太りやすい

食生活の傾向は？

・炭水化物（ご飯、パン、麺類など）などの主食を好んでよく食べる
・揚げ物類が好物で、タレやソースもしっかりした味つけのものを好む傾向がある
・早食い、早飲みの傾向がある

ダイエット上の注意点は？

・炭水化物の摂取量を減らす
・食事の時はまず野菜類を食べ、その後に肉、魚、豆類を食べる
・ゆっくり飲んだり、よく噛んでゆっくり食べることを心がける
・有酸素運動を行い、内臓脂肪の燃焼を心がける

内臓脂肪型

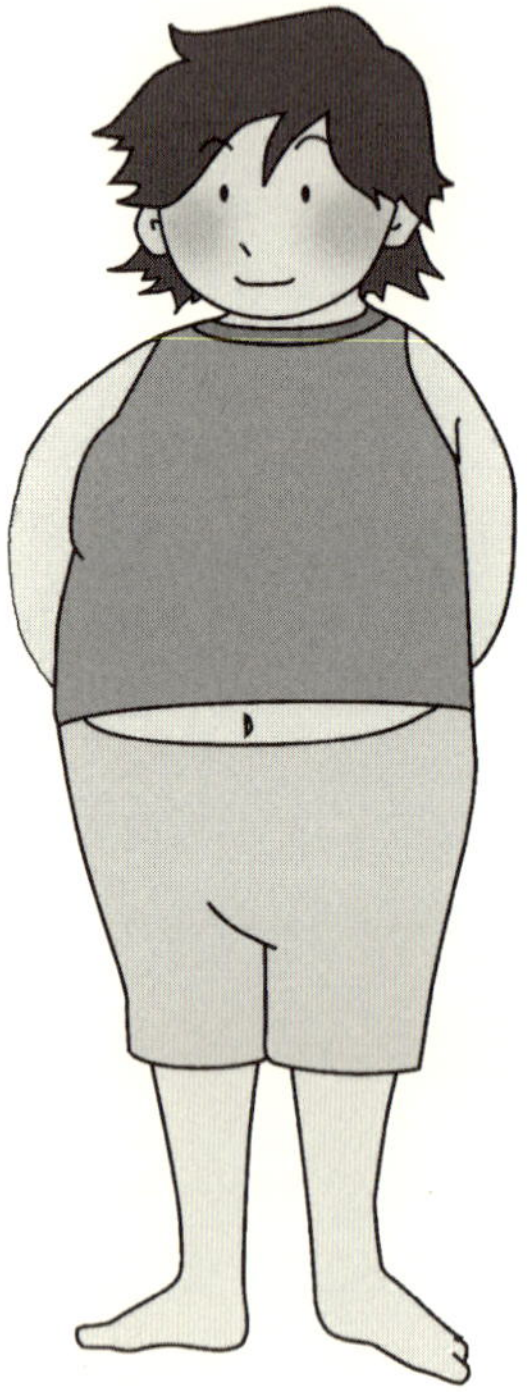

内臓脂肪型肥満の人は、身体のほかの部位に比べ、ウエスト周りに特に脂肪がつきやすいため、お腹だけがポコッと出ているように見えるのが特徴です。

■むくみやすい！　下半身ポッチャリ型

外見上のタイプは？

・お尻や太ももがパンパンに張っているように見える
・太っても顔に出にくい

特徴は？

・皮下脂肪がつきやすい
・基礎代謝量が低い
・脂質で太りやすい
・セルライトができやすい
・男性より女性に多い

食生活の傾向は?

・おかずをたくさん食べる傾向が強い
・揚げ物類が好き
・間食が多く、味付けの濃い物を好む
・空腹時に我慢強く対処できる人が多い

ダイエット上の注意点は?

・脂質を減らし、脂肪の分解を助けるビタミンBを積極的にとる
・肉類、揚げ物類、クリーム類などの脂質の多い料理を減らす
・蒸す、煮るといった調理法を用いるように心がける
・食事の最初は野菜からにし、よく噛んで食べるように心がける
・おかずよりもご飯、肉類よりも魚類を食べるようにする
・ストレッチや軽い筋肉トレーニングで筋肉を刺激し、皮下脂肪の分解を促す

下半身ポッチャリ型

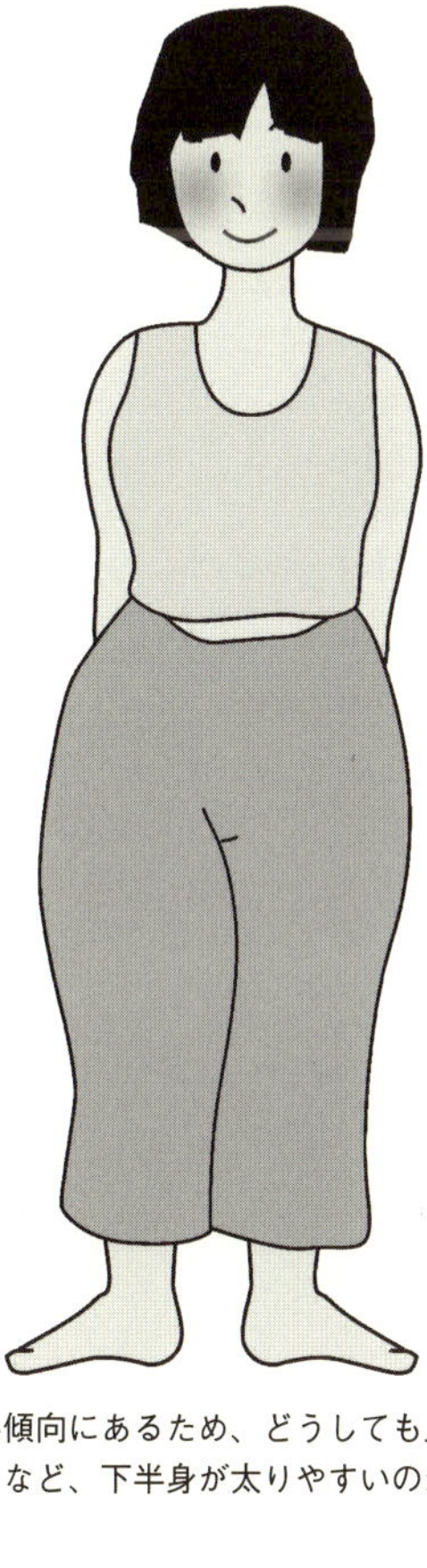

むくみやすい傾向にあるため、どうしても上半身に比べ、
お尻や太ももなど、下半身が太りやすいのが特徴です。

■見た目ほっそり！　隠れ肥満型

外見上のタイプは？

・ほっそりした印象で、外見からは太っているように見えない
・顔の形は細面の人が多く、手足も細長い人が多い

特徴は？

・筋肉量が少ない
・たんぱく質が血や肉になりにくく、太りにくいが、太ると痩せにくい
・体重は正常なのに、体脂肪率が高い
・体重は増えていないのにウエスト周りだけが太くなることがある
・本人に肥満の自覚がない
・内臓の働きが衰えている場合がある

食生活の傾向は？

・甘いものや油っこいものは苦手
・野菜、豆腐、白身魚などあっさした味のものが好き
・食べなくてもあまりつらさを感じない
・食生活が不規則な人が多い

ダイエット上の注意点は？

・たんぱく質を積極的にとり筋肉量のアップを心がける
・納豆、豆腐、魚など、胃腸に優しいたんぱく質を摂る
・まずたんぱく質類から食べ始めるようにし、主食は最後に
・肉類などはよく噛んで食べるようにする
・バランスのよい食事を規則正しく摂るよう心がける
・ストレッチやヨガで筋肉を鍛える

太った方の中には、この三つのタイプの混合型も多くいます。

隠れ肥満型

外見上はあまり太っているように見えないけれど、体脂肪率が高いのが特徴です。このタイプの場合、一度太ると痩せにくいので注意が必要です。

2章　あなたは間違ったダイエットをしていませんか？

――ダイエット成功への近道は、
正しいダイエット方法を学ぶことから始まります

正しいダイエットとは「体脂肪を減らす」こと

皆さんも通勤途中の車内や雑誌の広告で、「1週間で体重5キロ減！」といったように、短期間での痩身効果をうたった通販やエステティックサロンの広告を目にすることが多いのではないでしょうか？　確かに私達の目は、どうしても、いかに短期間でより多く減量できるのかに向いてしまいがちです。そしてダイエットが成功したか否かの判断も、いかに減量できたかのみで判断してしまうことが多いものです。

しかしダイエットにおいては、100グラム単位の体重の増減に一喜一憂することは実は危険なことです。その減った100グラムが、体脂肪が減ったことによる減量であれば問題はありません。しかし短期間で無理なダイエットをした場合には、その減量分が、筋肉や骨など、人が健康を維持するために、本来減ってはいけないものが減ってしまった結果である場合も多いのです。

正しいダイエットとは、決して体重の増減だけを指すのではありません。あくまで身体についている余分な体脂肪を減らすことなのだということを覚えておきましょう。

ダイエットへの第一歩「消費カロリー」を正しく知る！

ダイエットをする上で、どうしても知っておきたいのが、「消費カロリー」のことです。単純にいえば、摂取カロリーを消費カロリーが上回れば減量することができます。

そこでここでは、消費カロリーを構成する3種類の代謝について、詳しくご紹介します。

■消費カロリーその1　【基礎代謝】

「基礎代謝」とは、私達が生命を維持するために最低限必要なエネルギー消費量のことです。基礎代謝は、総消費エネルギーの約70％を占めるもので、そのおよそ1/3は心臓などの内臓器官を動かすために、残りの2/3は、筋肉など、その他の組織を動かしたり、体温を維持するために使われています。

よく「太りやすい、痩せやすい」といった表現をしますが、基礎代謝が高い人は脂肪がつきにくく、逆に基礎代謝が低い人は脂肪を溜めやすい傾向があります。

また、筋肉を動かすためにはエネルギーをより多く消費するので、筋肉量の多い人ほど基礎代謝が高くなる傾向があります。

■消費カロリーその2【活動代謝】

「活動代謝」は、総消費エネルギーの約20％を占めるもので、運動など、身体を動かすことで消費されるエネルギーのことを指します。基礎代謝を自分でコントロールすることはできませんが、活動代謝は運動量と比例して高めることができます。

運動をして脂肪が燃焼される場合、一番はじめに使われるのが内臓脂肪です。そして次に皮下脂肪が分解されてエネルギーに変わっていくのですが、運動を開始してから約20分後から、積極的に脂肪がエネルギーとして使われだします。そのため活動代謝を高めるためには、20分以上継続して運動をする必要があります。

また、脂肪を燃焼させるためには、100メートル走などの無酸素運動よりも、ジョギングやウォーキング、エアロビクスに代表される有酸素運動が効果的です。

■消費カロリーその3【SDA】（特異動的作用）

食事をすると身体が温まる経験は、誰しも一度はしたことがあると思いますが、まさにこの体温を上げるために消費されるエネルギーを「SDA」と呼びます。総消費エネルギーの約10％を占めると言われています。

SDAの消費量は、食べ物によっても異なります。たんぱく質の場合、100キロカロリーを摂取すると約30キロカロリーのエネルギーをSDAとして消費しますが、糖質の場合約6キロカロリー、脂質の場合は約4キロカロリーしか消費しません。よく「甘い物や油っこい物を食べると太りやすい」といいますが、それはこうした事実も反映しているのです。

年齢を重ねると太りやすく、痩せにくくなる理由とは？

若い頃の写真と今の写真を見比べてみると、やはり今はお腹や二の腕あたりについた贅肉が気になるという人が多いかもしれません。「年齢を重ねると太りやすく、痩せにくくなる」

と言われますが、それはなぜなのでしょうか。

まず大きな原因となるのが、基礎代謝量の減少です。人種や性別、体格などで個人差があるものの、筋肉量の減少や、脂肪分解を促す作用がある成長ホルモンの分泌量の低下から、40歳あたりを境に、基礎代謝量が急速に減少します。そのため若い頃と同じ量の食事や運動をしていても、基礎代謝量が減少した分、太りやすくなります。このように、消費カロリーとダイエットの間には、深い相関関係があるのです。

体脂肪1キロ消費するには7000キロカロリーの消費が必要！

実は、体脂肪1キロを減量するためには、7000キロカロリー分の運動をしなければいけないと言われています。1時間に4～5㎞のウォーキングで消費されるカロリーが約200キロカロリーですから、1キロの体脂肪を減らすためには、単純計算で約35時間歩き続けるか、1日に1時間の散歩を35日間続ける必要があることになります。

忙しい現代人にとって、毎日まとまった運動時間を確保するのは難しいものです。しかし、会社に通勤しているなら一駅前で降りて歩く、エレベーターを使わず階段を使用するといった工夫ができます。また、主婦であれば、積極的に身体を使って家事をするだけでも消費カロリーはかなり違ってきます。

また、職場でも家庭でも、背筋を伸ばすクセをつけること、腹部に緊張を与えるといったちょっとした習慣を身に付けるだけでも、お腹痩せに繋がります。

そして仕事や家事の合間に、ちょっとした空き時間を見つけては正しいストレッチを行うことも有効です。血流が良くなり、筋肉や関節の柔軟性を高めることは、痩せやすい体質作りの第一歩に繋がります。

運動による消費カロリーの目安

（女性体重 60kg、男性体重 75kg の場合）

運　動	30 分あたりの消費カロリー（kcal）	
	女性	男性
入浴	48.0	60.0
座位でのオフィスワーク	48.0	60.0
料理	63.0	78.8
風呂掃除	120.0	150.0
洗濯	63.0	78.8
掃除機がけ	111.0	138.8
軽度の階段の昇降	96.0	120.0
散歩	96.0	120.0
ゴルフ	44.0	180.0
自転車（時速 16km 以下）	126.0	157.5
ジョギング	222.0	277.5

※少数点 2 ケタ以下四捨五入（基礎代謝を含む）。
※各数値は METs 表を元に算出したものです。

太りにくい体質作りに必要な「デトックス」

最近、ダイエットをする上でキーワードとしてよく耳にするのが「デトックス」という言葉です。デトックスとは、「体内浄化」を意味する言葉で、身体から不必要な毒素を排出することを指します。

体内に溜まった毒素は便や尿、そして汗や毛髪、爪から排出されると言われています。こうした排泄機能が正常に働かずに体内で老廃物（毒素）を溜め込んでしまうと、肌あれ、老化、太る、むくみ、疲れなどに繋がってしまいます。

たとえば便秘がちで、腸内に「宿便」を溜めてしまうと、宿便がガスを発生させて「ぽっこりお腹」の原因となったり、血流を悪くして脂肪燃焼を妨げたり、むくみの原因ともなってしまうのです。

私たちのトリプルバーン痩身法では、デトックスを促すことが、ダイエットの基本であると考えています。排泄機能がスムーズになると血液がきれいになって循環がよくなり、代謝が上がり、ダイエットに繋がるだけではなく、太りにくい体質になります。

〔デトックスがもたらす効果〕

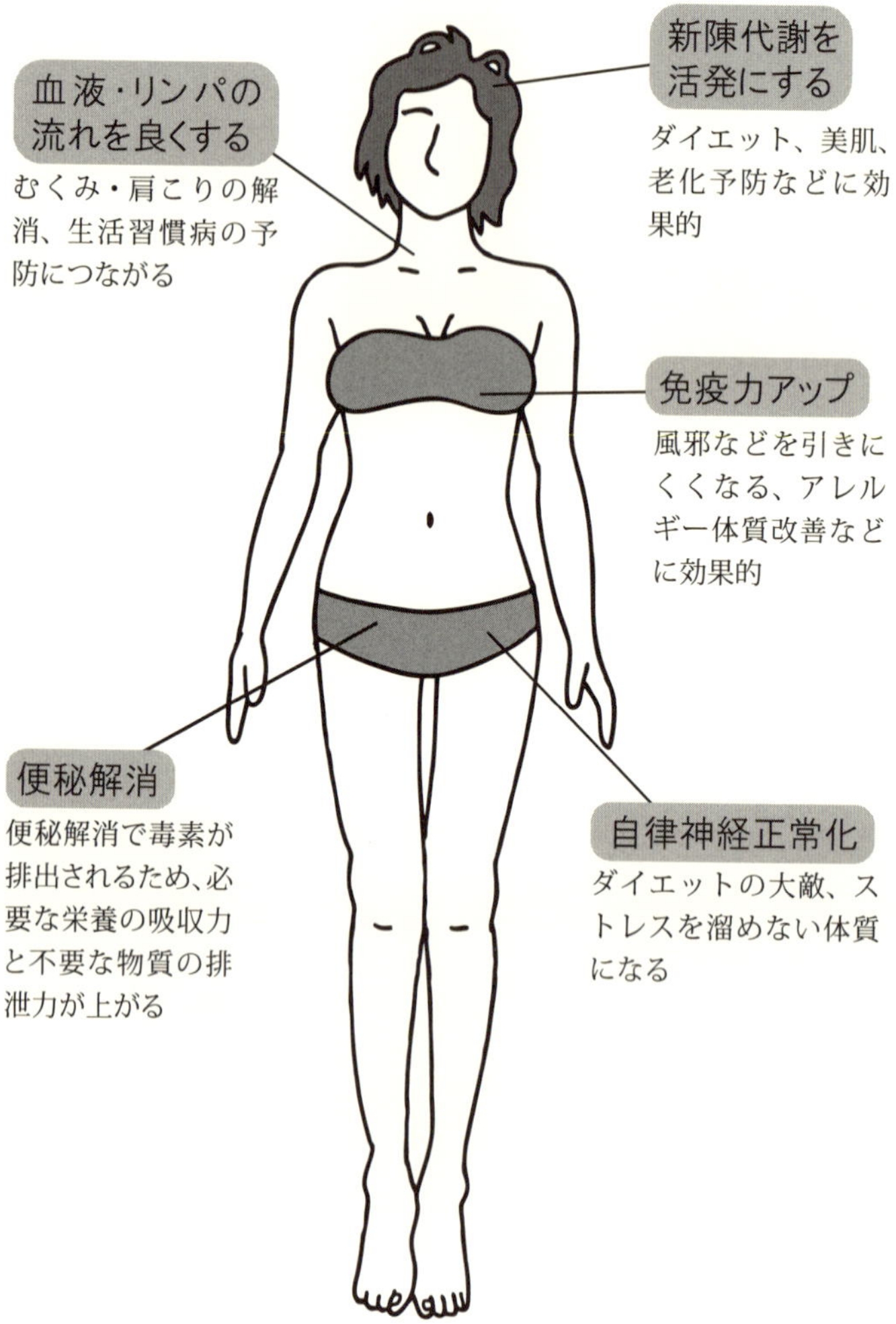

新陳代謝を活発にする
ダイエット、美肌、老化予防などに効果的
血液・リンパの流れを良くする
むくみ・肩こりの解消、生活習慣病の予防につながる
免疫力アップ
風邪などを引きにくくなる、アレルギー体質改善などに効果的
便秘解消
便秘解消で毒素が排出されるため、必要な栄養の吸収力と不要な物質の排泄力が上がる
自律神経正常化
ダイエットの大敵、ストレスを溜めない体質になる

危険なダイエットに要注意！

摂取カロリーよりも消費カロリーの方が多ければ体重は減ると説明しましたが、そのためにダイエットでは、大きく分けて三つの方法が用いられています。

①摂取カロリー抑制型　食べる量を減らすなど、とにかく摂取カロリーを抑える
②消費カロリー促進型　運動を取り入れ、消費カロリーを増やすことを目指す
③デトックス型　毒素を排出して「痩せやすく太りにくい」体質作りを目指す

この中で、危険なダイエットに陥りやすいのが「摂取カロリー抑制型」です。摂取カロリーを減らすために過度な食事制限をし、骨や筋肉といった、人が健康を維持するために必要なものまで削ってしまうからです。

しかも筋肉量が減少すれば、基礎代謝が低下してしまいます。すると今度は食事制限をし

ても痩せなくなるばかりか、いわゆる「太りやすい体質」となり、一時的に体重が減少しても、少し食べただけで再び体重が元に戻ってしまう、いわゆるリバウンドしやすい体質になってしまうのです。ダイエットをした回数が多い人ほど、リバウンドしやすく痩せにくい傾向にあります。

〔誤ったダイエットはこんなに危険！〕

短期間での無理なダイエット、食事制限だけに頼ったダイエットは、様々なトラブルを引き起こします。

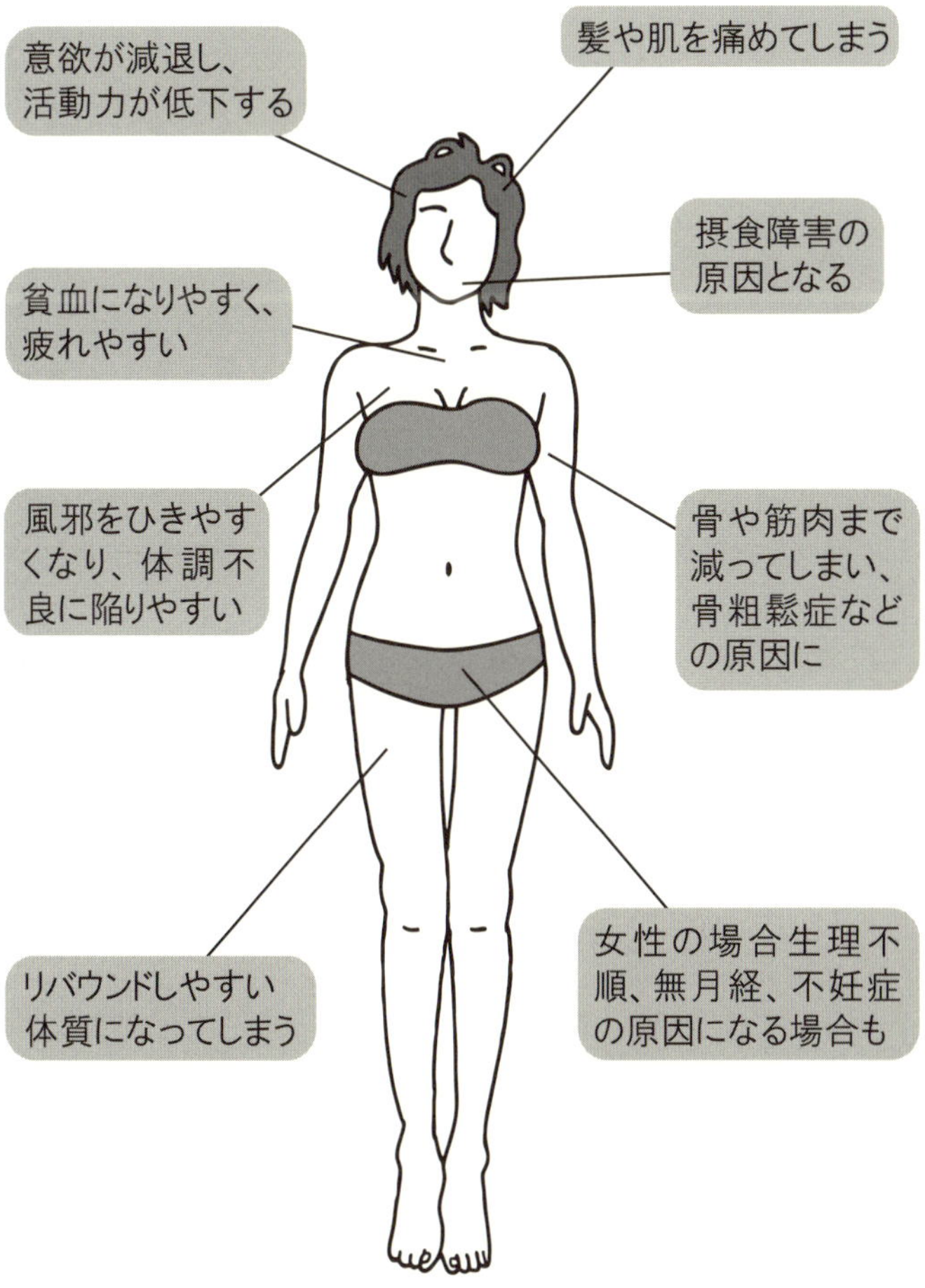
意欲が減退し、
活動力が低下する
髪や肌を痛めてしまう
摂食障害の
原因となる
貧血になりやすく、
疲れやすい
風邪をひきやすくなり、体調不良に陥りやすい
骨や筋肉まで減ってしまい、骨粗鬆症などの原因に
リバウンドしやすい
体質になってしまう
女性の場合生理不順、無月経、不妊症の原因になる場合も

ダイエットの大敵！「リバウンド」はどうして起きる？

ダイエットをする上で気をつけなければいけないのが、「リバウンド」です。リバウンドは、減少した体重や体脂肪が短期間で元に戻ったり、さらにはダイエット前よりも増加してしまう現象です。

人間には、生命を維持するために、環境変化に適応する能力（ホメオスタシス・生体恒常性機能）があります。無理なダイエットで急激に摂取カロリーが減少すると、人間の身体はこれに対応しようと、消費カロリーを抑えます。そして、より少ないカロリーで身体を維持できるように、骨量や筋肉量を変化させたり、骨からカルシウムを摂取し始めたりします。

この状態で目標まで体重が減ったと喜んで、元の食生活に戻してしまったときに起きるのが「リバウンド」です。つらいダイエットを続け、やっと減った体重があっという間に元に戻ってしまうどころか、年齢が増すにつれ以前より体重が増えてしまう人が多いのです。

実はリバウンドを繰り返すと、痩せにくい身体になってしまいます。これは一度減った筋肉は増えにくいのに対し、脂肪は増えやすくて減りにくいという性質があるからです。

リバウンドの仕組み

1 短期間での過度な食事制限

↓

2 筋肉量の減少

生命維持のために、エネルギー消費量が高い筋肉を減らしてエネルギー消費の抑制をする。

↓

3 基礎代謝の減少

筋肉量が減ることで基礎代謝が減る。

↓

4 エネルギーの吸収率が高くなる

少しの食事で多くの栄養を吸収し、脂肪を蓄える身体になっていく。

↓

5 リバウンド

「溜め込み体質」になっているときに、摂取カロリーが増えることで体重や体脂肪が増加する。

リバウンドを防止するために気をつけたい「3カ条」

リバウンドを防止するためには、最低限守りたい「3カ条」があります。

①基礎代謝の向上

筋肉量を増やせば、基礎代謝を上げることができます。ダイエット中も筋肉を増やすために不可欠なたんぱく質の摂取と運動を心がけます。

②骨量減少の防止

骨量の減少を防止するために必要になるのが、実は運動です。また食事面では、小魚などのカルシウムの摂取と、カルシウムの吸収を補助する、納豆などの大豆製品に多く含まれるマグネシウムの摂取を心がけるようにします。

③摂取カロリーを正しく抑える

過激なダイエットの場合、カロリーだけではなく、必要な栄養素までカットしてしまうためにリバウンドが起きてしまいます。カロリーは抑制しつつ、デトックスや筋肉量、骨量を維持するために必要な栄養素はしっかり摂ることが大切です。

ダイエットは「1回で決める！」

過激なダイエットで一度筋肉量を減らしてしまうと、運動などで筋肉量を増やす努力をしなければ、食事だけで筋肉量が再び増えることはありません。

一方脂肪は、食事量を増やすだけで容易に増えていきます。そのため筋肉が減った分を脂肪が補ってしまうという最悪なサイクルに陥ってしまうのです。ダイエットとリバウンドを繰り返していると、結局どんどん痩せにくい体質になっていきます。ですから、ダイエットは、1回で決める覚悟が必要なのです。

しかし、ここで問題になってくるのが、ダイエット中、誰にでも訪れる「停滞期」の存在です。「停滞期」とは、順調に落ちていた体重が、同じ生活を維持していても、ピタリと減らなくなってしまう時期のことです。この停滞期に、「こんなに頑張っているのに全然体重も減らないし、このダイエットは失敗だわ」と、あきらめてしまう人が実に多いのです。でもダイエットは、いわば停滞期と順調期の繰り返し。見方を変えれば、停滞期が訪れたということは、それだけダイエットが順調に進行していることを意味しているともいえるのです。

そしてこの停滞期を上手に乗り越えさせてくれるのが、ダイエットプロフェッショナルと呼ばれるダイエットの専門家達です。

頭の病気は身体を使え、身体の病気は頭を使え

よく「頭の病気は身体を使え、身体の病気は頭を使え」と言われますが、実はこれはダイエットにも当てはまります。

食欲は決して胃や腸で感じるものではありません。食欲は脳の視床下部にある摂食中枢（空腹なので食べたいと感じる中枢）と、満腹中枢（満腹なのでこれ以上食べたくないと感じる中枢）でコントロールされています。ダイエットをするためには、この食事に関する中枢神経をだまして、食欲をコントロールする必要、つまり「頭を使う」必要があるわけです。

食欲をコントロールする上で大敵となる「ストレス」

食欲をコントロールする上で大敵となるのが「ストレス」です。ドーパミンと呼ばれる物質は、摂食中枢を刺激して食欲をわかせます。通常は自分の好きな食べ物を見たり、おいしそうな香りをかいだり、視覚、嗅覚、想像などの刺激によってドーパミンは分泌されます。パン屋さんの前を通りかかって、焼き立てのパンの香ばしい香りに誘われてついお店に入ってしまった、という経験がある人も多いと思いますが、まさにその瞬間、脳内でドーパミンが盛んに分泌されているわけです。

一方、満腹中枢のコントロールにも、ストレスは深く関わっています。満腹中枢を刺激して「もうこれ以上食べられません」と感じるのは、セロトニンという物質が深くかかわっています。しかしストレスが加わるとセロトニンの分泌量が減り、満腹を感じにくくなってしまうのです。

自己流のダイエットを続けていると、停滞期を迎えたときにそれを上手に乗り越えることができずにストレスを溜め込み、結果としてダイエットに失敗してしまうケースが多いのは、こうした理由によるものです。

エステティックサロンに通う意義は、施術を受けるだけに留まりません。停滞期を迎えたときに違うアプローチにより、身体をだまし次へのステップを促したり、カウンセリングを通じてストレスの軽減をはかったり、動機や目標の再確認をしながらやる気を維持することでダイエットを成功に導くのです。ダイエットプロフェッショナル達はそんな役割も担っているのです。

正しいダイエットはダイエットを正しく学んだプロがいるサロンで

では、多くのエステティックサロンの中から、どうやって自分に合ったサロンを選べばいいのでしょうか。

それは、ダイエットを正しく学んだダイエットのプロがいるサロンを選ぶことです。近年エステティシャン養成校が増えてきました。生徒達は、皮膚科学、大脳生理学、解剖学、運動生理学、栄養学、香粧品学、心理学、実技ではフェイシャル、ボディ、メイク、ネイルなど多くのことをトータル的に学び基礎を身に付け卒業します。

そしてエステティシャンとして働き始めます。働き出すと、多くの疑問が湧いてきます。学校で学んだ通りのことをやっていても、きれいになる人、ならない人が出てくるのです。お客様の期待に応えたいと思うエステティシャン達は、働きながらさらに、深く専門的な勉強を始め、その分野の専門家としての資格を取ります。それが、スパ・セラピストや介護予防エステティシャン、管理美容脱毛士であったり、ダイエットプロフェッショナルと呼ばれる専門家達です。

安全で確実に、短期間でダイエットを成功させ、美しいボディラインを作りだすことができるのがダイエットプロフェッショナルの資格を持った人達です。痩身を専門的に学んだ、痩身のプロがいるサロンを選ぶことがダイエットを成功させる最大のポイントです。

〔トリプルバーン痩身法のシステム〕

ムダな脂肪を燃やし、太りにくい体質、引き締まった身体へ

正しいダイエットで目指すは「太りにくい体質」「引き締まった身体」

ここまでの話で、身体の仕組みや自分の体質などを充分に理解しないまま、新しいダイエット法が流行するたびに飛びついては途中で挫折するといったことの繰り返しが、結局は「太りやすく痩せにくい」体質を生みだすだけではなく、健康を損ねたり、老化を早めるといった弊害があることは理解していただけたと思います。

長い目でみてダイエットを成功させるためには、ダイエットに取り組む前にきちんと計画を立て、自分に合ったダイエット方法を選択しなければいけません。

そして正しいダイエットを成功させるためには、大きく分けて四つのポイントがあります。

①自分の身体のことを知る

自分の身体のことを正しく理解している人は、意外と少ないものです。ダイエットを始める前には、専門家の力を借りながら、きちんと自分の身体の現状や生活環境を正しく知ることが大切です。

②1カ月の体重の減少を5％以内に抑える

リバウンドを防ぐ上で重要になってくるのが、いかにホメオスタシスを働かせないで体重を減らしていくのかという点です。ホメオスタシスは1カ月以内に体重が5％以上減ると働きだすといわれているので、体重の減少は、1カ月で5％以内に抑えるようにします。つまり、体重60キロの人の場合、1カ月に3キロを目安に体重を落としながら、技術により身体を引き締め、筋肉をつけていきます。

③減量した分は最低1カ月間維持

ダイエットで目標まで減量したら、最低1カ月間は、その体重を維持するように努めましょう。1カ月以上維持できれば、満腹感を伝えるホルモンが作用し、少ない食事量でも満腹感を得られるようになるので、無理なく食べる量を減らすことができるようになります。

④停滞期を上手に乗り切る

停滞期がきたら、ダイエットが順調に進んでいる証であり、次の体重減少のための準備期間だと捉えるようにして、上手に乗り切りましょう。また、この時期、ダイエットプロフェッショナルがいるサロンでは、技術や食事指導、生活の仕方についての見直しをすることがあります。まったく違った技術や食品を使う事によって、身体が反応し、停滞期を短い期間で乗り越えることが可能だからです。

これは、減量速度、身体の締まり具合、性格などを総合的に見て正しく判断できるダイエットプロフェッショナルだからこそできることだといえます。

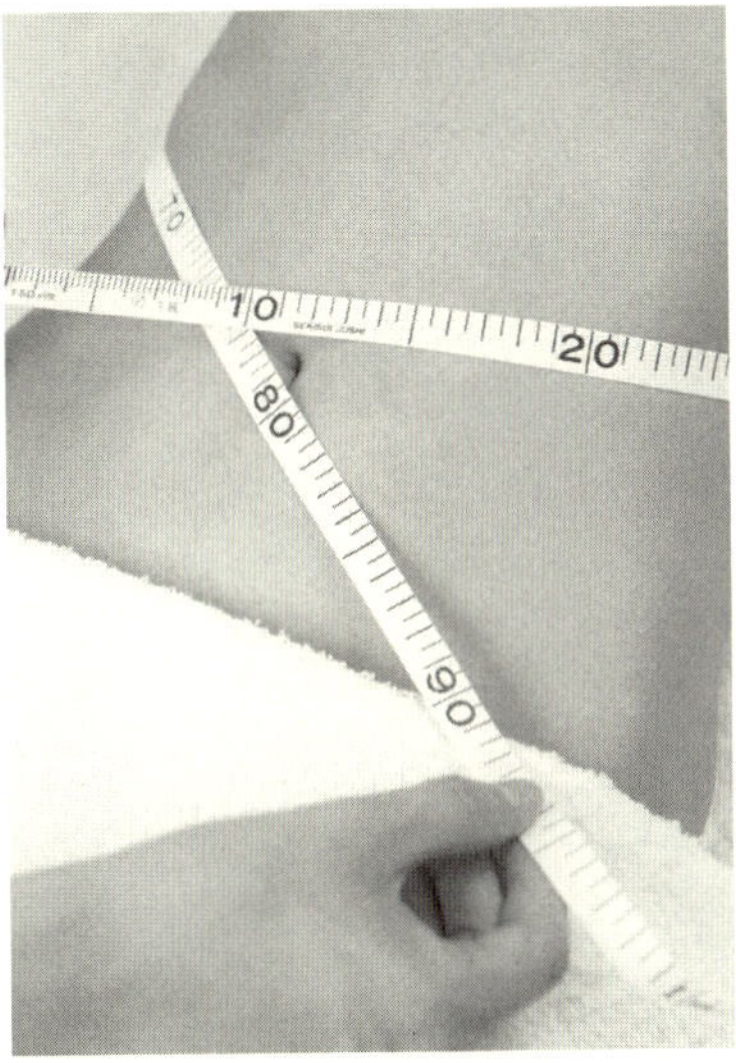

正しいダイエットは、正しい知識を身に付けるところから始まります。

3章　究極の痩身法「トリプルバーン痩身法」はこうして生まれた

昔の痩身法は「汗を出し痩せさせる」ことだった

「ミス・パリ」の前身となる、「やせる専門店シェイプアップハウス」がオープンしたのは一九八二年のことです。

当時、多くのエステティックサロンで行われていた痩身術は、パラフィンパックがメインで、つまりは「汗をかいて痩せる」という方法でした。

しかしそれでは、水を飲んだら元に戻るという繰り返しです。しかも、この頃の多くのエステティックサロンでは、お客様はまさに女王様で、エステティシャンはひたすら女王様にかしづいているといった状態でした。確かにお客様に気持ちよく通っていただくことは、とても大切なことです。しかし、本気でお客様をきれいにしようと思えば、ときには厳しく熱意をこめて食生活や生活環境について、お客様を指導する必要もあります。でも当時はそうした指導ができるエステティシャンは少なかったのです。今のように教育制度が整っていなかった当時は、サロンオーナーが1週間もエステティックスクールで勉強すればもう大先生でした。お客様は大事にはされるけれど、美容効果はさほど感じていなかったのか、多くの方が少しずつエステティック効果に対しての疑問を持ち始めた頃ではなかっただろうかと思っています。

そんな中、オープンした痩せる専門店「シェイプアップハウス」は、サロンも豪華でなかったこともあり、リラックスよりはお客様の「効果」を出すサロンでありたいと強く思っていました。

そこで取り組んだのが、太るには太る原因がある。だからその原因を知って、原因から潰していく。つまり根本的に痩せる体質が作れないかということでした。

根本的な体質改善を目指して叩いた東洋医学の門

痩せる体質作りをするために、私達が注目したのが東洋医学でした。痩せたり太ったりの繰り返しに一喜一憂するのではなく、根本的な体質改善をはかるために必要な理論や技術が、東洋医学にあると考えたからです。

そこで私が門を叩いたのは、あの松下幸之助氏をもって「西野先生の声は天の声」といわしめた東洋医学の権威、故・西野信二先生でした。

西野先生の理論の柱となっていたのが、「すべての症状は腸の腐敗から起こる」というものでした。太り過ぎ、肌のトラブルといった問題は、腸の腐敗から血液が汚れ、身体の細胞に必要な酸素や栄養分が十分に届けられないことから起こるという考え方です。

たとえば「脂肪を燃焼させる」という言い方がありますが、紙に火をつけるために酸素が必要であるように、脂肪を燃やすためにも酸素が必要です。この酸素は血液の赤血球に取り込まれ全身に運ばれます。ところが汚れたドロドロの血液は流れが悪くなってしまいます。そうなると代謝が下がり、太りやすく無駄な脂肪がつく身体となるのです。手の甲を二の腕に当ててみてください。二の腕の方が冷たく感じませんか?

手の甲は血液の循環が良く、体の他の部分と比べ温かい部分です。ですから手の甲には脂肪がつきにくいのです。しかし、手の甲より体温が低いところ、冷たいところには脂肪がつきやすいです。お腹が出ている人は、お腹が冷えていますし、下半身太りの人は決まって下半身が冷えています。

そこで私共のサロンでは、従来の、ただ汗をかいて痩せさせるという方法から脱却して、ヘルスチェックを行い、内臓の働きの強弱や自律神経のバランスをチェックすることで、一人ひとりに合った、まさにオーダーメイドの痩身術を開発したのです。するとどうでしょう。見る間に周囲も驚くほどの効果を上げていきました。噂を聞いた日本中のエステティックサロンの先生達が、この痩身法を学びにシェイプアップハウスに来るようになったのです。

さらにこの方法は、単に痩身効果があるだけではなく、同時にお客様の身体が痩せながら健康になっていくという効果をもたらしました。西野先生は「身体が本来のバランスを取り戻して健康になれば、変な食欲はなくなり、血液循環がよくなり、脂肪燃焼に必要な酸素が身体の隅々まで届けられる。そうなれば新陳代謝が良くなり、自然と痩せていく」とおっしゃっていましたが、まさにその言葉どおりの変化が多くのお客様におきたのです。

「トリプルバーン痩身法」誕生のきっかけはお客様の声

体質改善をし、痩身効果が顕著になると、お客様から「ウエストにもっとくびれが欲しい」

「足や腕をもっと細くしたい」「背中の余分な肉をとりたい」「小顔になりたい」といった声が挙がるようになったことから、そうした声を生かして、独自の部分痩身法が開発されていきました。実は私たちの新しい技術の開発は、このようにいつもお客様の声、要望から始まっているのです。

もちろん「トリプルバーン痩身法」誕生の裏にも、お客様の声がありました。

一九八六年当時、ダンディハウス1号店は、大阪大学医学部附属病院の近くにありました。そのためお客様の中に、その病院のお医者様が十数人いらしたのです。

そのお医者様達がサロンに通ううちに、自分の身体の変化にある種の疑問を抱くようになりました。痩身目的で通っているだけなのに、どうもサロンに通い始めてから体調が良くなったし、風邪もひきにくくなっていったというのです。

そこでさすがはお医者様達。なんと、自ら血液検査をしてみたところ、驚くべき事実が判明したと報告してくれました。血圧や血糖値、GOTやGPT（肝機能に関わる数値）が下がっていたというのです。

実はこのことが後にトリプルバーン痩身法誕生へと繋がる、一つの布石になりました。

トリプルバーン痩身法は、トリートメントのやり方から使用する機器まで、すべて当社オリジナルですが、他の施術方法と最も異なる点は、どういう仕組みによって痩せる効果を得られているのか、そしてどの程度の効果をあげることができるのかが、科学的に実証されているという点です。

つまり、よくエステティックサロンの広告で目にする感覚的な「痩せる」「細くなる」といった状態から一歩脱却し、痩せる効果を、お客様にも理論的に理解していただける方法の確立へと繋がっていったのです。

創業当時の店内の様子。創業時から寄せられたお客様の声の一つひとつが、技術の進化に結びついていきました。

「トリプルバーン痩身法」はデータが証明した理想のダイエット法

では、いよいよトリプルバーン痩身法について詳しくご紹介していきましょう。

「トリプルバーン痩身法」とは、私共が創業以来23年間かけ、何万件にも及ぶお客様のデータとお客様の声を集大成し、二〇〇四年に完成した究極の痩身法です。

セルライト、皮下脂肪、内臓脂肪の三つの脂肪をターゲットに、特許を持つオリジナルの機器、そして、痩せやすい身体づくりのための健康補助食品の開発。お客様の通い方と効果を分析、システム化し、何よりもお客様が通い続けられることに重点を置きました。そして、老廃物の排出を促しながら脂肪を燃焼させ、身体の新陳代謝を活発にすることで、健康的に、若々しく痩せることを実現させたのです。

トリプルバーン痩身法は、筋肉量を維持し、基礎代謝を維持しながら減量していくため、リバウンドの可能性が極めて少ないうえ、痩せやすく、太りにくい体質改善をも可能にしました。

もっと早く、もっと確実に、もっときれいにを繰り返しながらトリプルバーン痩身法が誕生したのは、二〇〇四年のことです。

その後、効果を科学的に証明するために、トリプルバーン痩身法を実際に体験した540名のお客様データを、スポーツ医学の面では国士舘大学大学院スポーツ・システム研究科に、さらに医学的な部分はメディカ21日本健康医療研究所に依頼して徹底分析を試みました。その結果、トリプルバーン痩身法には、ダイエット効果以外にも、医学的、科学的な見地からさまざまな良い効果があることが分かってきました。

また、二〇〇八年からは、東京大学大学院医学系研究科と共同開発を行い、1299名を対象とした大規模な検証により、体重の減少効果や心理的変化など様々な面において改めてトリプルバーン痩身法の効果が分かってきました。

トリプルバーン痩身法　モニター体重変化

【東京大学大学院医学系研究科調べ】

研究の結果、トリプルバーン痩身法施術後、特に８回目以降から有意に体重が減少していくことが科学的にも証明されました。

男性の体重変化

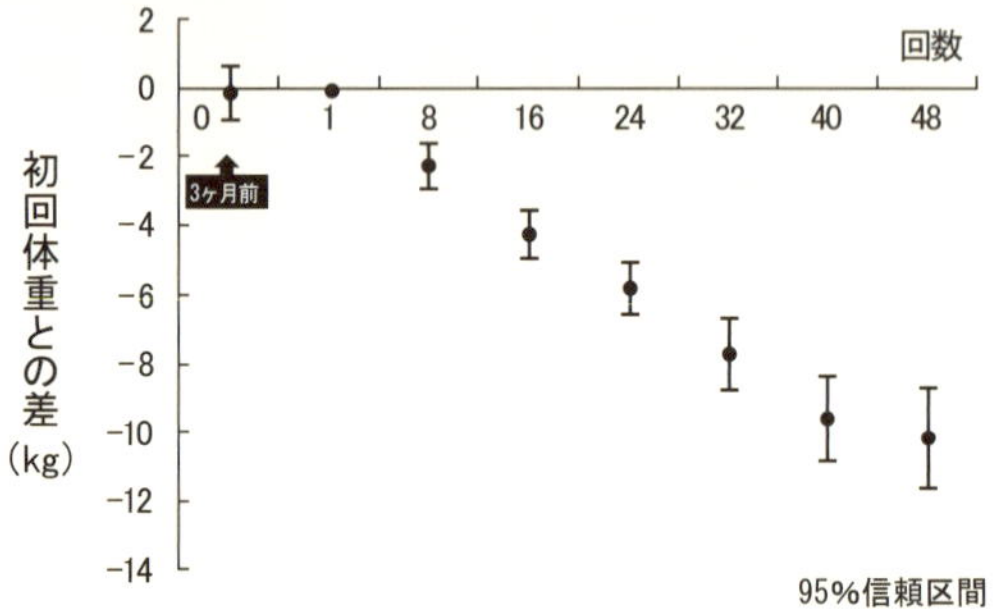

・3ヶ月前と初回は体重に変化なし

・8回目以降は有意に体重が減少している（24 回目　−5.8kg）

女性の体重変化

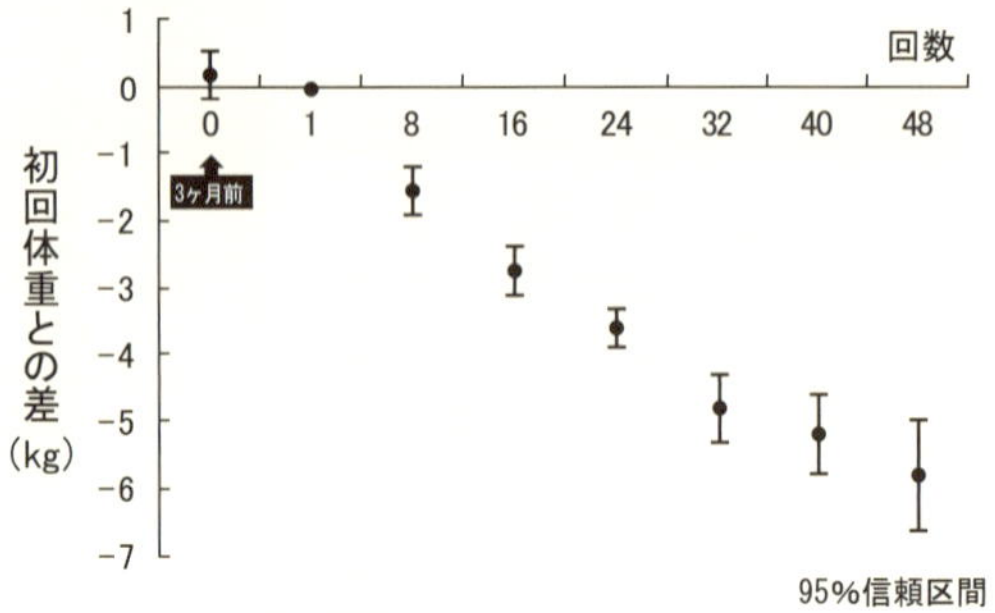

・3ヶ月前と初回は体重に変化なし

・8回目以降は有意に体重が減少している（24 回目　−3.6kg）

約1時間の有酸素運動に匹敵するエネルギー消費

検証の結果、トリプルバーン痩身法の運動効果は、お客様は寝たままの状態にもかかわらず、有酸素運動を1時間続けた時と同じエネルギー消費量があることがわかりました。

繰り返しになりますが、ダイエットにおいて、リバウンドを最小限に抑えるためには、筋肉量を維持することが絶対条件です。

有酸素運動と同様の効果を得られるということは、筋肉量を維持しながら脂肪を燃焼させることが、寝ながらにできていることを意味します。そのためこのデータからも、トリプルバーン痩身法が、リバウンドの可能性が少ないダイエット方法であることが証明されたわけです。

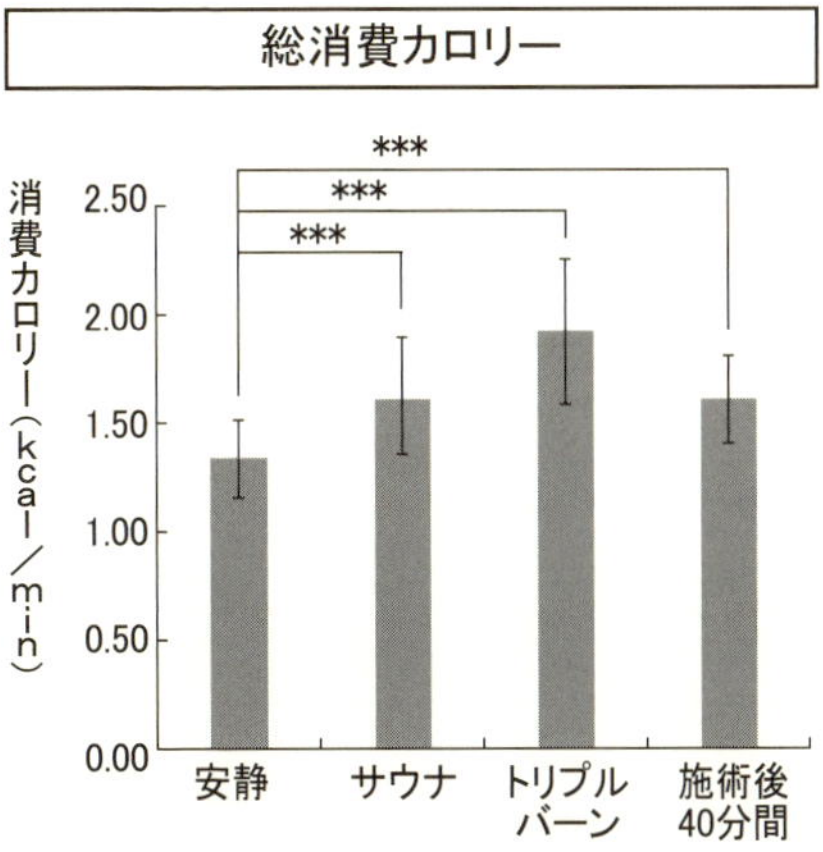

トリプルバーン痩身法の場合、施術後も継続的にカロリー消費が行われていることがわかります。

アンチエイジング効果

実はトリプルバーン痩身法の効果に対して科学的な検証を加えていく作業の中で、私達も、そして研究者達もまったく予期していなかったあるデータが出てきました。回数を重ねるごとに体脂肪が減少していくだけではなく、中性脂肪、遊離コレステロール、肝脂肪量を表す「γ-GTP」値など、生活習慣病にかかわる数値データが軒並み下がっていたのです。

血中成分	平均減少量
中性脂肪（mg/dl）	124.3→ **91.0**
遊離コレステロール（mg/dl）	56.3 → **48.5**
GPT（IU/L）	38.8 → **29.2**
GOT（IU/L）	26.6 → **24.0**
γ-GTP（IU/L）	31.8 → **20.8**
フルクトサミン（μM）	237.7→ **226.3**

＊トリプルバーン痩身法 24 回実施

さらに専門家の注目が集まったのは、「アディポネクチン」という物質の量が、施術後全員アップしていた点でした。（株式会社メディカ21日本健康医療研究所調べ）

このアディポネクチンという物質は最新の研究において、アンチエイジング（若返り）や生活習慣病に伴う動脈硬化の改善に関係しているとして、大きな注目を集めている物質です。

アディポネクチンは放出された後、血液を通じて全身に運ばれますが、このときに傷ついた血管をすばやく修復する役割をはたすといわれています。今回、データ採取のためにモニターになっていただいた方全員が、アディポネクチンが増加していたという事実は、実際に検証作業を行った専門家が「医学会でも発表できるレベルの画期的な発見」だと指摘しています。

トリプルバーン痩身法実施前後のアディポネクチンの値の変化

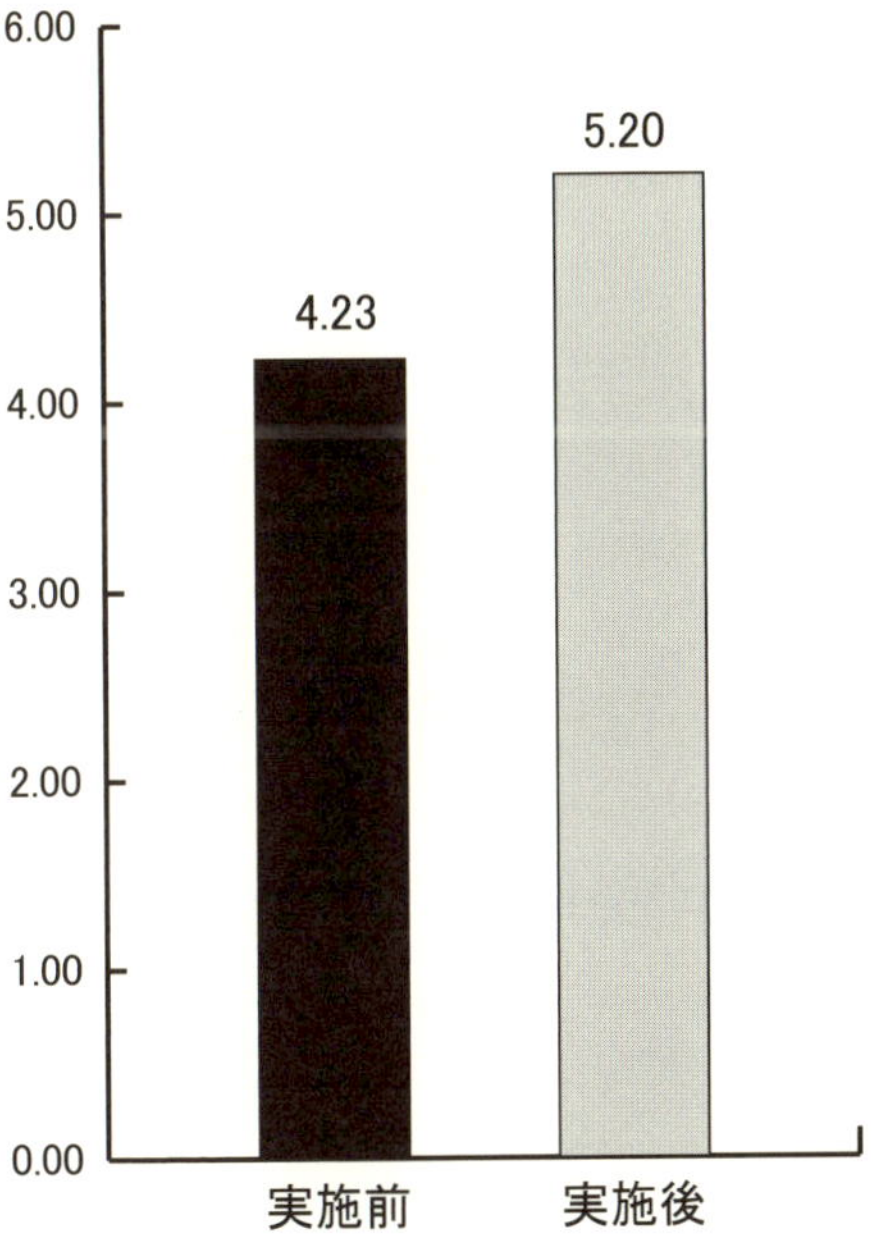

株式会社メディカ 21 日本健康医療研究所の機能検証検査により、トリプルバーン痩身法実施後には、アンチエイジング物質として近年注目を集めているアディポネクチンの値が上昇していることが証明されました。

**トリプルバーン痩身法実施前後の
抗酸化物質値の変動と
酸化損傷変動値の比較**

水溶性抗酸化物質変動比較（STAS）

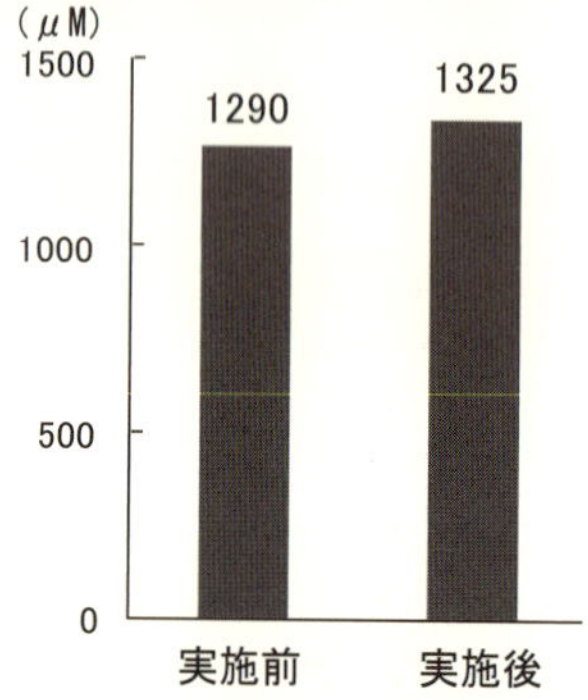

酸化損傷変動比較（8OHdG 生成速度）

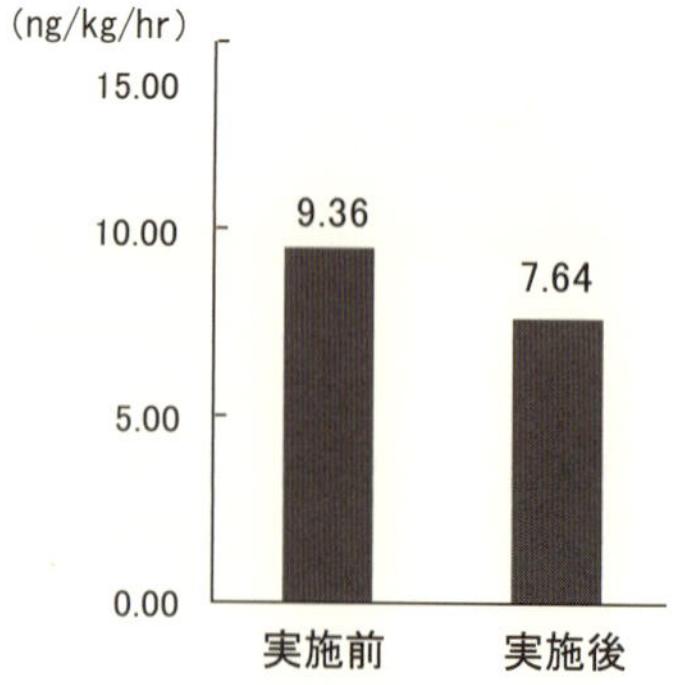

トリプルバーン痩身法施術後は、身体内に抗酸化物質が増加し、酸化による損傷が減少していることがわかります。

さらに、がんや生活習慣病の発症との関連が指摘されている「活性酸素」に対しても、トリプルバーン痩身法でダイエットすることにより、活性酸素の攻撃に対して抵抗力がつく上、活性酸素の発生そのものを抑制できることも、データで証明されました。

このように、科学的な検証を加えることによって、トリプルバーン痩身法が理想の痩身法であることが次々と証明されていったのです。

部分痩せ効果も

トリプルバーン痩身法では、ウエスト、下腹部、太ももなど、多くの方が「ここが痩せてほしい！」と思う部位から痩せていくことが可能です。

たとえば、男女問わず、誰もが細くなってほしいと思うウエスト周りですが、検証の結果では、平均してウエストサイズが10％ダウンし、実際に「ベルトの穴が2個短くなった」「1回のトリートメントでお腹周りが3センチ減った」といった声も数多く寄せられています。（※効果には個人差があります）

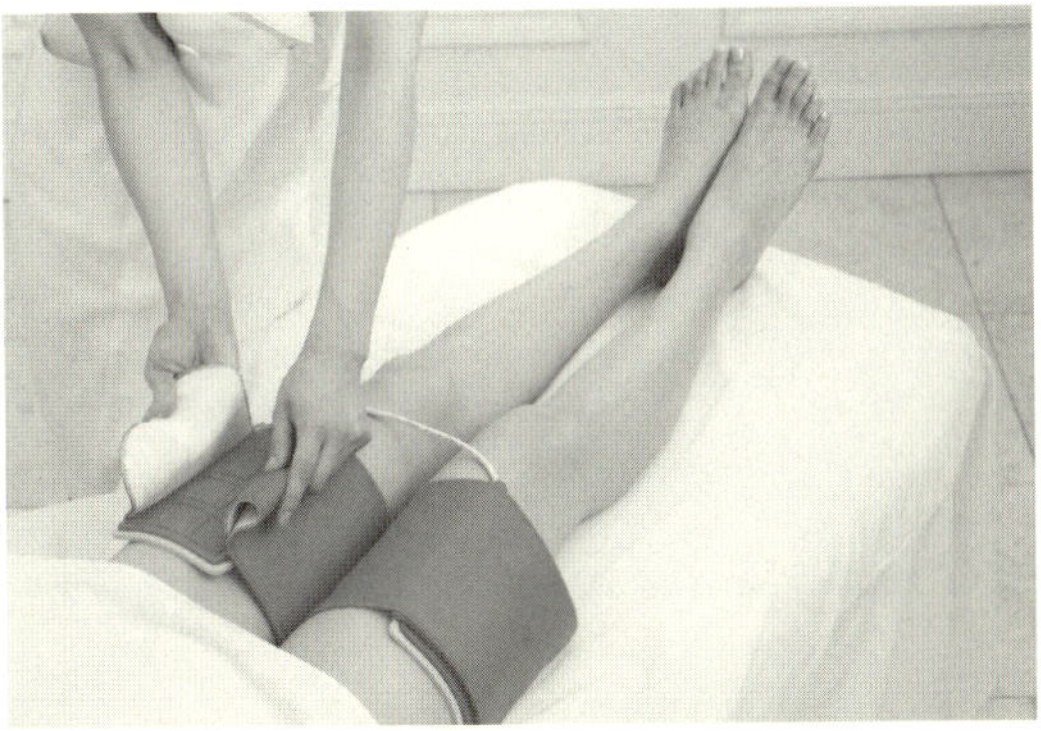

部分やせ効果で理想のプロポーションを手に入れる。

国立精神・神経センター
腹背部ＭＲＩ図試験結果

25歳女性。167cm・54kgの方で、15回の施術後のデータです。皮下脂肪の厚みが19.5mmから14.0mmと5.55mmも減少しました。

トリプルバーン痩身法実施前

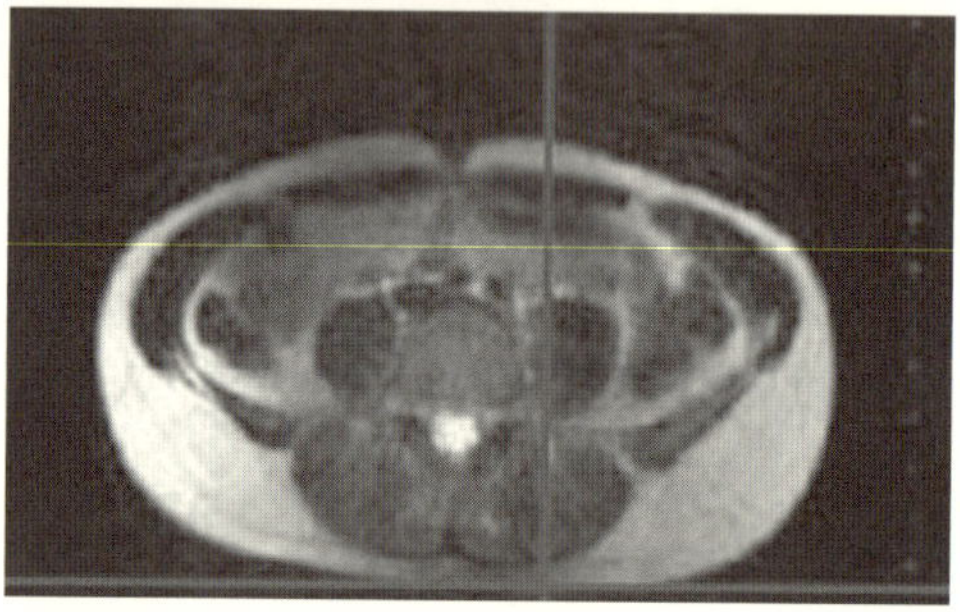

15回実施後

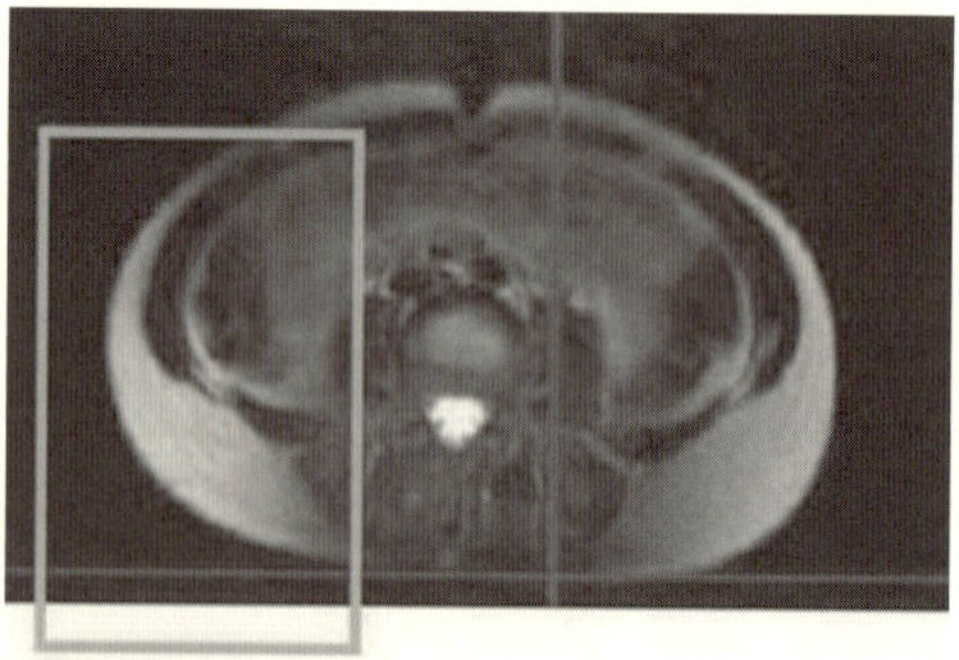

照射部位

4章　「トリプルバーン痩身法」がダイエットに効くこれだけの理由

「トリプルバーン痩身法」の三つのアプローチ

トリプルバーン痩身法の最大の特徴は、実は三面美容と呼ばれる取り組みにあります。三面美容とは、身体の内側、外側、そして心の三方面からの異なるアプローチによって、お客様を理想のプロポーションへと導いていく手法のことです。

外面美容

外面美容とは、サロンで実際に行うトリートメントのことです。具体的なトリートメントの内容についてはのちほど詳しく紹介しますが、ここで説明しておきたいのは、お客様にご来店いただく間隔と回数のことです。

実は科学的検証を加える中で、来店回数、間隔と効果の相関関係についても調べました。週に1回、2回、3回来店するそれぞれの方に、8週間通っていただきました。それぞれ30～35％程度の皮下脂肪の減少が見られましたが、検証の結果、確かな効果を得るには、「週

2回の来店」「最低でも8週間以上続ける」ことが必要であることがわかりました。

内面美容

内面美容とは、食事や健康補助食品により、身体の中から痩せやすい体質に改善していくことをいいます。そのために、お客様には毎回の来店時に、食べたものを一覧にした食事生活ノートを提出していただくほか、食養と呼ばれる、関連会社㈱ミス・パリが独自に開発したヘルスフードの摂取をお勧めしています。

たとえお客様が1週間に2回来店され、合計4時間サロンでトリートメントを受け

来店頻度による体重の相対変化

国士舘大学大学院スポーツ・システム研究科調べ

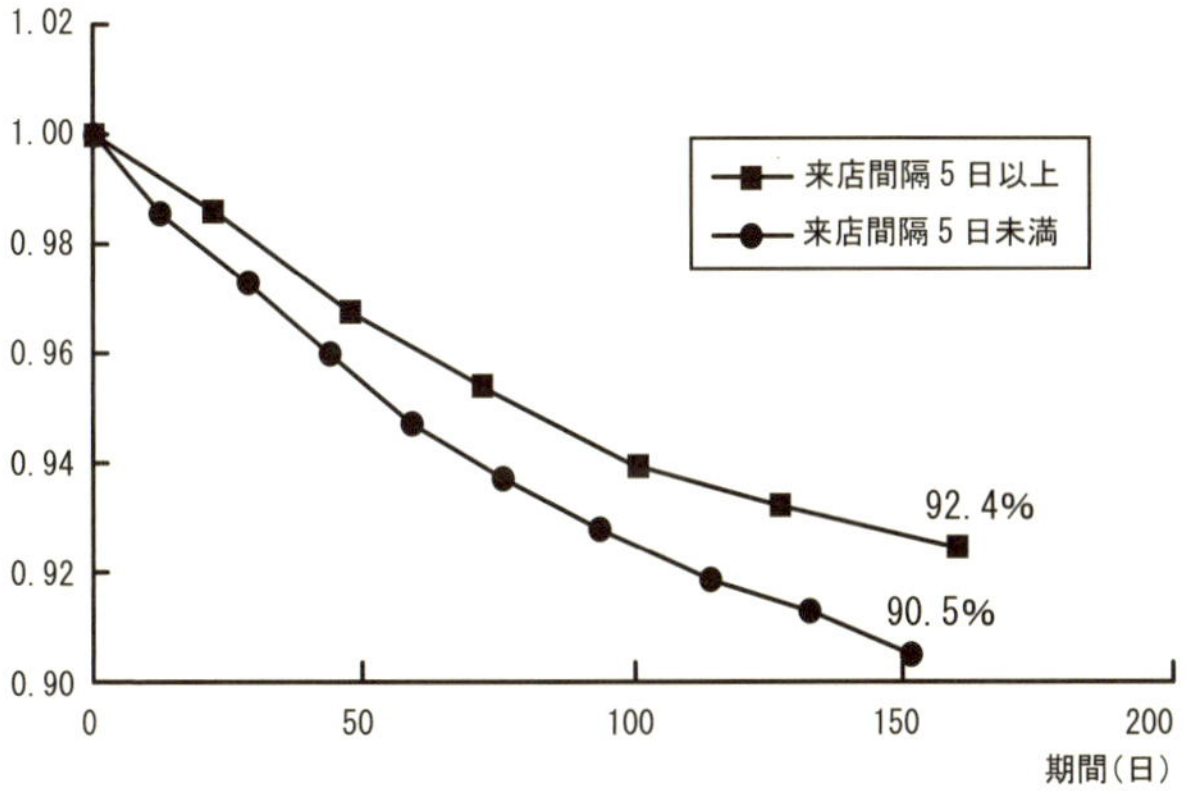

来店頻度と体重の変化の相関関係を調べたところ、週に2回来店してトリートメントを受ければ、最大限の効果が得られることがわかりました。

ても、それ以外の１６４時間は、私達が寄り添い、見守ることができません。一人で痩せられなかったからと来店される方が多い中、ダイエットを成功させるためには、サロンでトリートメントを受けるだけではなく、生活習慣の見直し、食事内容や食事量の調整が必要です。また、効果を上げるために、デトックスや脂肪燃焼を促進する食養の摂取などがダイエット成功への強い味方になってくれます。

　代表的な食養には、腸の大掃除をするヨーグルト、活性酸素を取り除き、解毒力をあげるもの、代謝を上げ、脂肪を燃やす効果を期待するものなどがあり、そ

食養の有無による体重の相対変化

国士舘大学大学院スポーツ・システム研究科調べ

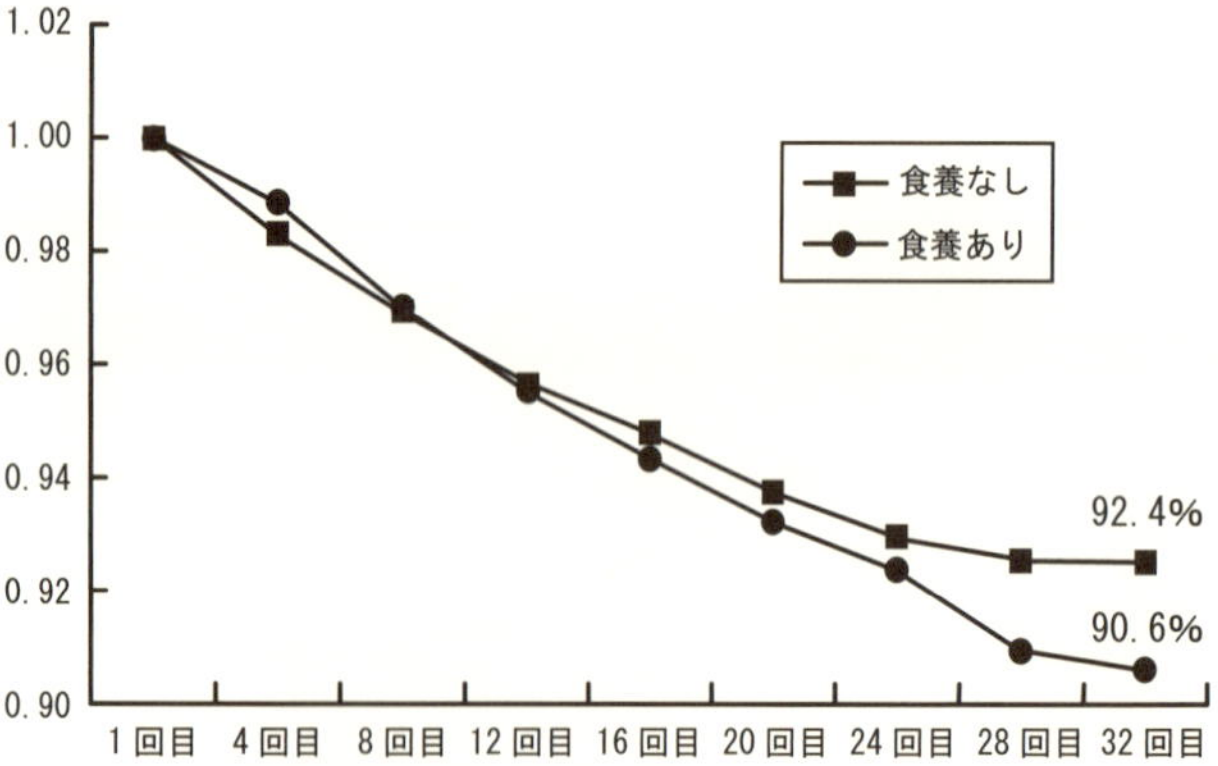

トリプルバーン痩身法と並行して、ミス・パリ、ダンディハウスで推奨する食養を利用した場合と、しなかった場合のデータを比較してみると、開始直後では大きな差は認められませんが、トリートメントの回数を重ねると、ダイエット効果に開きが出てくることがわかります。

の他に、お客様の体調や効果の出方によって、食養を組み合わせ最大の効果を引き出していきます。

心の美容

かなりの運動量をこなすトリートメントによる体力の消耗、空腹感によるイライラや、思うように減量が進まない焦燥感、慣れない生活習慣の改善など、ストレスを引き起こす要因が数多く襲いかかってくるダイエット中は、誰しもストレスを抱えがちです。

しかし2章でもご説明したように、ストレスがかかると血液循環量が減少し、そのために酸素の供給量が減ります。その結果、脂肪が燃焼しにくくなるばかりか、過食に走る原因にもなってしまいます。

そのため私達は、お客様がサロンに来るのが楽しく

新宿本店の店内の様子。ダイエット成功への大切なポイントは「継続」。サロンに通うことが楽しいと思える雰囲気作りの有無も、サロン選びの大切な要素の一つです。

てしようがないと思っていただける環境作りを心がけています。小さなことかもしれませんが、店内にはいつも生花を飾ってお客様をお待ちするといったことも、そうした姿勢の現れの一つです。

痩身の専門家、ダイエットプロフェッショナルとは、単に痩身に対して高い技術を持っているだけではなく、ダイエット中のデリケートなお客様の気持ちを理解し、時に励まし、時に一緒に笑いながら二人三脚で歩んでいくことができる、ホスピタリティマインドがある技術者だと考えています。

また、写真や各種数値などを活用し、定期的なカウンセリングを通して比較することで、お客様自身も納得して続けられるように心をサポートすることも大事な仕事です。

「トリプルバーン痩身法」が目指す三つの変化

みなさんがダイエットを目指すとき、体重さえ減らすことができれば、それで満足ですか?

もし、本当に体重さえ減らせれば満足だというのなら、答えは簡単です。極端な食事制限をすれば、確実に体重を減らすことができるからです。

しかし、私達はそうは考えません。もし、仮に減量に成功したとしても、体の健康を損ねてしまったのでは意味がないし、体が痩せても、しわやたるみを作り、元気なく老けて見えてしまっても決して喜べるものではありません。痩せたことで美しくならなければ意味がないと思うのです。

そのために、トリプルバーン痩身法においては、目指す「三つの変化」があります。

ムダな脂肪を減らす

トリプルバーン痩身法は、体重だけではなく、ムダな脂肪を減らすことを第一の目標にしています。これは、リバウンドを防止し、さらには健康を維持するためです。ダイエットによって必要な筋肉や骨を減らしてはいけないと考えています。

体質改善

身体の外側からだけではなく、食事や食養などを通して、身体の内側からも同時に働きかけることで、身体本来のバランスや機能を取り戻しながら、痩せやすく、しかも太りにくい体質へと変化させることを目指しています。

美しいボディライン作り

ただ単に体重を落としても、ボディラインが美しくなければ、あなたの魅力を輝かせることはできません。

そこでトリプルバーン痩身法で部分痩せを目指し、さらにはダイエットプロフェッショナルの高い技術力によって、美しく引き締まったボディラインを作ることを目指します。

実はヒップやふくらはぎの位置を少し上げるだけで足が長く細く見えたり、背中や首、肩周りのぜい肉を落とすと若々しくはつらつと見えたり、ウエストのくびれづくりや、フェイシャル技術でフェイスリフトするだけでも、体重が変わらないのに、外見上は2〜3キロもスリムに見せることもできるのです。まさに、ダイエットプロフェッショナルの腕の見せ所ともいえるのがこの部分痩身です。

そのため私達は、独自にミス・パリ基準やダンディハウス基準を設け、お客様が見た目も美しく、格好よく変身できるように努力を重ねています。

また、こんなお客様がいらっしゃいます。60歳を過ぎて楽しみは食べることとワイン。痩せなくてもいいからきれいに見られたい。まさにこういうお客様には部分痩身がお勧めです。顔や体のむくみを取り、体を滑らかに引き締め、お肌に潤いと張りを持たせるとどうでしょう、無理な減量などしなくても、まるで10歳も若返ったように見えるのです。トリプルバーン痩身法であればこうした形でのダイエットにも応えることが可能なのです。

きれいな人は周りを明るく幸せな気分にしてくれます。ちょっとお手入れするだけで、女性も男性も素敵に変身できるのです。

たくましさが際立つ！ ダンディハウス基準

肩・腕

肩から腕の引き締まったラインは頼りがいと強さの象徴！ 華奢な腕、ぜい肉がついたブヨブヨの腕では安心感を与えられません。上腕だけでなく、肩まわりの筋力 UP が逆三角形への近道。

背中

男の背中……。背筋に支えられるまっすぐ堂々とした姿勢、引き締まった逆三角形。ぜい肉を落とした後、筋面積の大きい広背筋を鍛えるのがコツ。

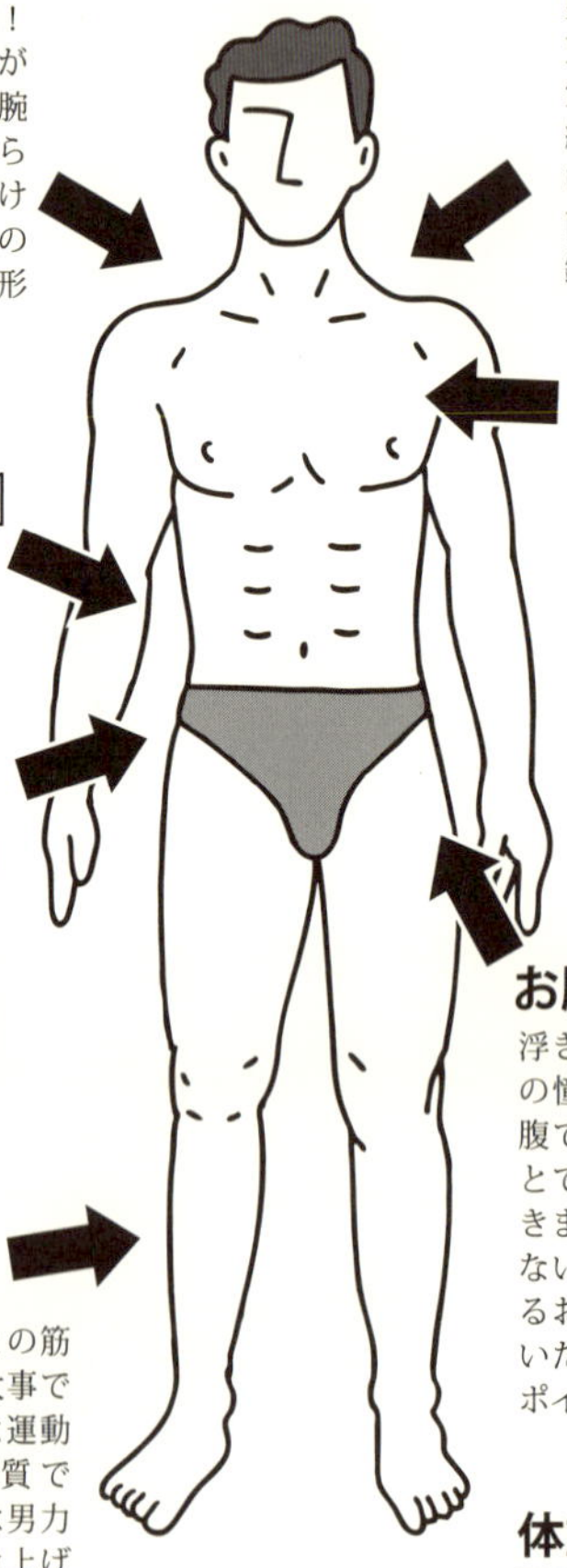

胸（胸囲）

身長(cm)×0.53

胸板の厚さは男の自信。薄い胸板の貧相な体型は、お腹まわりをさらに目立たせます。背中・腕・肩とあわせてバランスよく鍛えることで理想的な逆三角形に！

ウェスト

身長(cm)×0.435

ウェスト 85cm 以上はメタボリックシンドローム。

へそ周り

身長(cm)×0.45

へそ下 5cm

身長(cm)×0.47

お腹

浮き出て割れた腹筋は男の憧れ。ぽっこり出たお腹でも、減量し鍛えることで男らしく締まっていきます。年齢を感じさせない、引き締まった魅せるお腹へ。腰まわりについたぜい肉をとることもポイント。

脚

上半身と下半身との筋肉のバランスが大事です。下半身太りは運動不足の証！筋肉質ですっきりした脚は男力をワンランク引き上げます。

体重

身長(m)× 身長(m)×22

美しさが輝く！ ミス・パリ基準

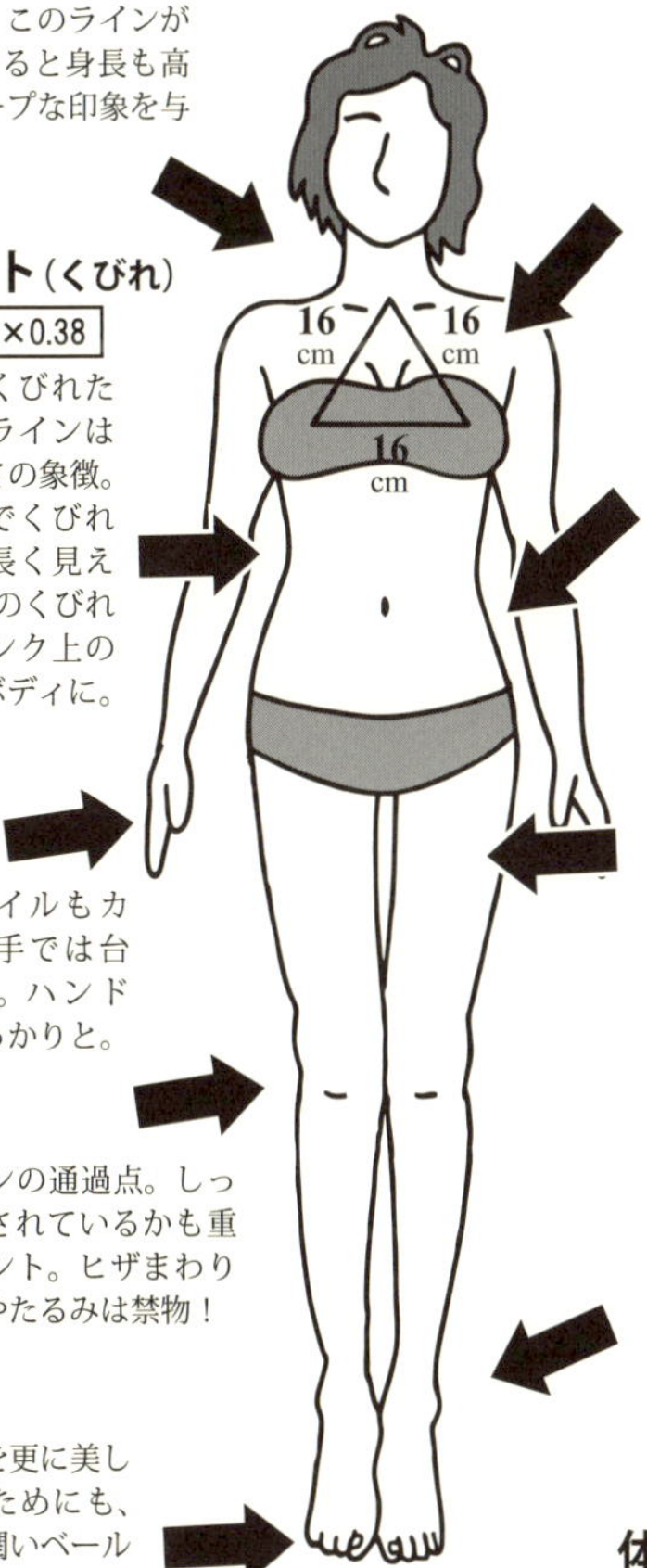

首・肩
首や肩のラインについた脂肪は首を短く太って見せる原因。このラインがすっきりすると身長も高く、シャープな印象を与えます。

ウェスト（くびれ）
身長(cm)×0.38

キュッとくびれたウェストラインは女性らしさの象徴。高い位置でくびれると足が長く見えます。自慢のくびれでワンランク上のメリハリボディに。

手
素敵なネイルもカサカサの手では台無しです。ハンドケアもしっかりと。

ヒザ
足のラインの通過点。しっかりケアされているかも重要なポイント。ヒザまわりのぜい肉やたるみは禁物！

足先
素敵な靴を更に美しく見せるためにも、足先まで潤いベールに包まれたしっとりと美しい足へ。

胸
鎖骨中央と乳間の距離はすべて 16cm。正三角形のゴールデントライアングル。バストのトップが 2 等身目の位置にあると、姿勢がよく、美しい。

お腹
たるまず適度に引き締まったお腹はみんなの憧れ。前、横、後ろ、全方向に軽く筋肉をつけておくのがコツ。

太もも
身長(cm)×0.33

セルライトがいっぱいついた太ももは露出できません。両脚の隙間、そしてただ細いだけでなく形の整った太ももが重要。内太ももで綺麗は変わる！

足首
身長(cm)×0.118

ふくらはぎから続く足首が太いと足全体まで太く見えます。キュッと細く引き締まった足首、むくみのないすっきりした足首は美脚の原点。

体重
身長(m)× 身長(m)×19

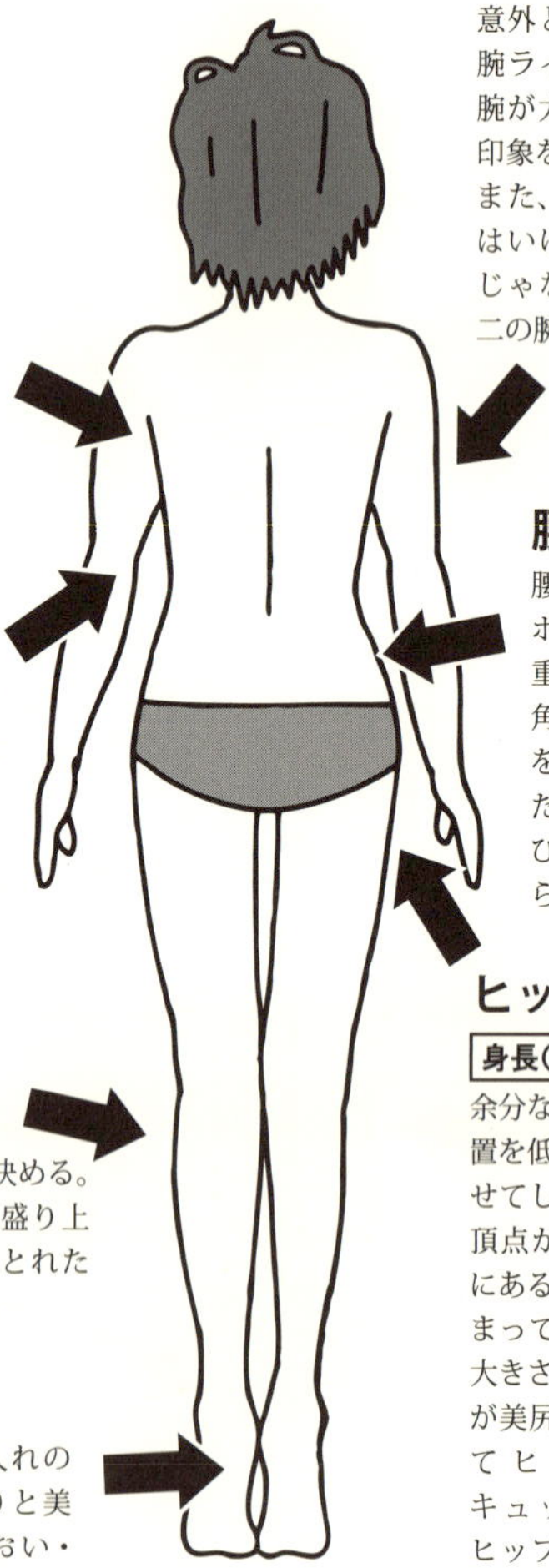

二の腕

身長(cm)×0.155

意外と見られている二の腕ライン。体が細くても腕が太いと全体的に太い印象を与えてしまいます。また、ここをたるませてはいけません。細いだけじゃなく、引き締まった二の腕に！

脇の下

下着からはみ出る脇の下のぜい肉。洋服を綺麗に着こなすためにも脇の下にたまったぜい肉はNG。たるんだ脂肪をすっきりさせ、くびれに向かって綺麗なラインを作る。

腰まわり

腰まわりはメリハリボディを作るための重要なポイント。四角くなった腰は年齢を感じさせます。なだらかなまるみをおびた腰まわりで女性らしさをUP！

背中

背中の脂肪は美しさを半減させ、老けて見えます。ぜい肉をなくし、シミ・吹き出物がない、なめらかな美しい背中美人に！

ヒップ

身長(cm)×0.54

余分な脂肪は、ヒップの位置を低く見せ、足を短くみせてしまいます。ヒップの頂点が身長の半分より上にあると足が長く、引き締まって見えます。サイズの大きさより、下げないことが美尻の原則。脂肪をとってヒップアップ！キュッと引き締まったヒップならスカート姿もパンツ姿もバッチリ！

ふくらはぎ

身長(cm)×0.21

ここのラインが脚を決める。健康的で高い位置で盛り上がった、バランスのとれたふくらはぎが美しい。

かかと

乾燥知らずのお手入れの行き届いたしっとりと美しいかかと。うるおい・なめらかさ・色味が重要。

特許を取得した「トリプルバーン痩身法」オリジナル機器

トリプルバーン痩身法では手技だけではなく、３種類のオリジナル機器が使われます。お客様の身体の変化を見ながら、20年以上もかけてマイナーチェンジを繰り返し完成した機器です。その中には、特許を取得した中周波機器もあります。一般的にエステティックサロンで使われる低周波機器では、１００キロを超えるお客様も珍しくないダンディハウスでは、まるでおもちゃのようでした。そこで、私達はもっと身体の深いところに作用する中周波が欲しいと大手メーカーに相談し、身体の深いところに立体的に作用するファットバーンを開発するに至りました。その体感は、エステ通といわれる女性たちが、こんなの初めてと言うほど、ゴージャスなものです。まるで、身体の奥にグーンと効きそうな波が襲ってくるようだとお客様が口々におっしゃるほどです。

5章　中身がわかれば続けられる！

──「トリプルバーン痩身法」徹底解説

「トリプルバーン痩身法」を徹底解説！

これまでの章では、太るメカニズムや正しいダイエットを実践する必要性、そしてトリプルバーン痩身法の概要について説明してきました。

トリプルバーン痩身法を実践するにあたり、確実な効果を上げるために「週に2回の来店」をお願いしています。でも、皆さん忙しい中、週に2回、来店するのは、実際にはとても大変なことだと思います。そんな時に「どうして週に2回の来店が必要なのか」「自分が受けているトリートメントにはどんな効果があるのか」をきちんと理解できていれば、継続して通い続ける動機づけになると、私達は考えます。

そこでいよいよここからは、皆さんが実際にサロンで受けるトリートメントの内容を、詳しくご紹介していきたいと思います。

測定効果――自分の身体を正しく知ることが正しく効率的なダイエットへの第一歩

トリプルバーン痩身法では、科学的検証の裏付けのないトリートメントは行いません。さらに、トリプルバーン痩身法を柱に、お客様の現在の体調や体重、そして目標に合わせてまさにオーダーメイドのトリートメントを行っています。

そのために実際にサロンに通う前、そして実際のプログラムが始まってからも、常にお客様の体調や体型の変化について記録を残し、今、どんなトリートメントを行っていて、どんな効果をあげているのかの説明を行うことで、お客様自身が効果を実感できるように、さまざまな取り組みを行っています。

カウンセリング

トリプルバーン痩身法をうける場合、初めての来店時だけではなく、実際にプログラムを受けている最中も、常に十分な時間をかけてカウンセリングを実施しています。なぜならトリプルバーン痩身法のやり方を充分に理解した上で通っていただいたお客様は途中であきらめることなく、きちんと継続して通い続けていただけるからです。

　カウンセリング時は、以下のような内容をご説明して、お客様一人ひとりの最善のダイエット方法を導き出していきます。

実際のカウンセリングの様子。入会される前だけではなく、入会後も定期的にカウンセリングを実施することで、お客様は効果を実感して継続への意欲がわきます。さらにその時々の問題点を話し合うことで、一人ひとりに合わせたオーダーメイドのメニューで、最短で最大の効果を得る方法を見つけることができます。

■目標値の設定

これは主に初回に行うカウンセリングです。今現在のお客様の年齢と身長を基に、目標とする理想体重やサイズを設定していきます。この目標が決まれば、1カ月にどのくらいのペースで減量すればいいのか、そしてそのために必要なトリートメント内容や食事指導、運動指導などが見えてきます。

実際にサロン通いが始まってからは、カウンセリングの中で「今、何キロ減量できていますから、目標まであと何キロです」とお伝えすることで、お客様のやる気を向上させたり、実際にトリートメンを受ける中で感じた不安や疑問について、お客様と十分話し合いをする場にもなります。

■体調・疲れやすさチェック

寝ながら受けることができるトリートメントですが、実際には1時間の有酸素運動を行った時と同様の運動量をこなしています。体調不良の時にトリートメントを実施することは、身体にかなりの負担をかけますので、トリートメントが受けられないこともあります。そのため来店毎の体調チェックは常に欠かすことができません。

また、ダイエットの大敵となるストレスの有無も必ずチェックし、それを基に指導内容に検討を加えていきます。

■便通・尿チェック

正しくデトックスが行われているかをチェックする上で、便通や尿の回数のチェックも欠かすことのできない要素の一つです。

排尿回数は1日10回程度を目安にします。それと同時に、1日にどのくらいの水分量を摂っているかもチェックします。水分は、1日2リットルを目安に摂って頂き体内を浄化していきます。

■ボディケアシート

私達は、最初にお客様専用の「ボディケアシート」を作成します。このボディケアシートには、毎回のトリートメント前後の体重の変化や体脂肪の変化などを記入するほか、ご家庭での便通や尿回数、むくみの有無、食生活、睡眠時間、体調など、すべての基本情報が書き込まれます。ボディケアシートの内容を検証することによって、どういうトリートメントが一番効果的なのか、注意しなければいけない点はどこなのかといった点が、一目瞭然でわかるようになっています。また、お客様も一目でダイエット効果を実感できます。

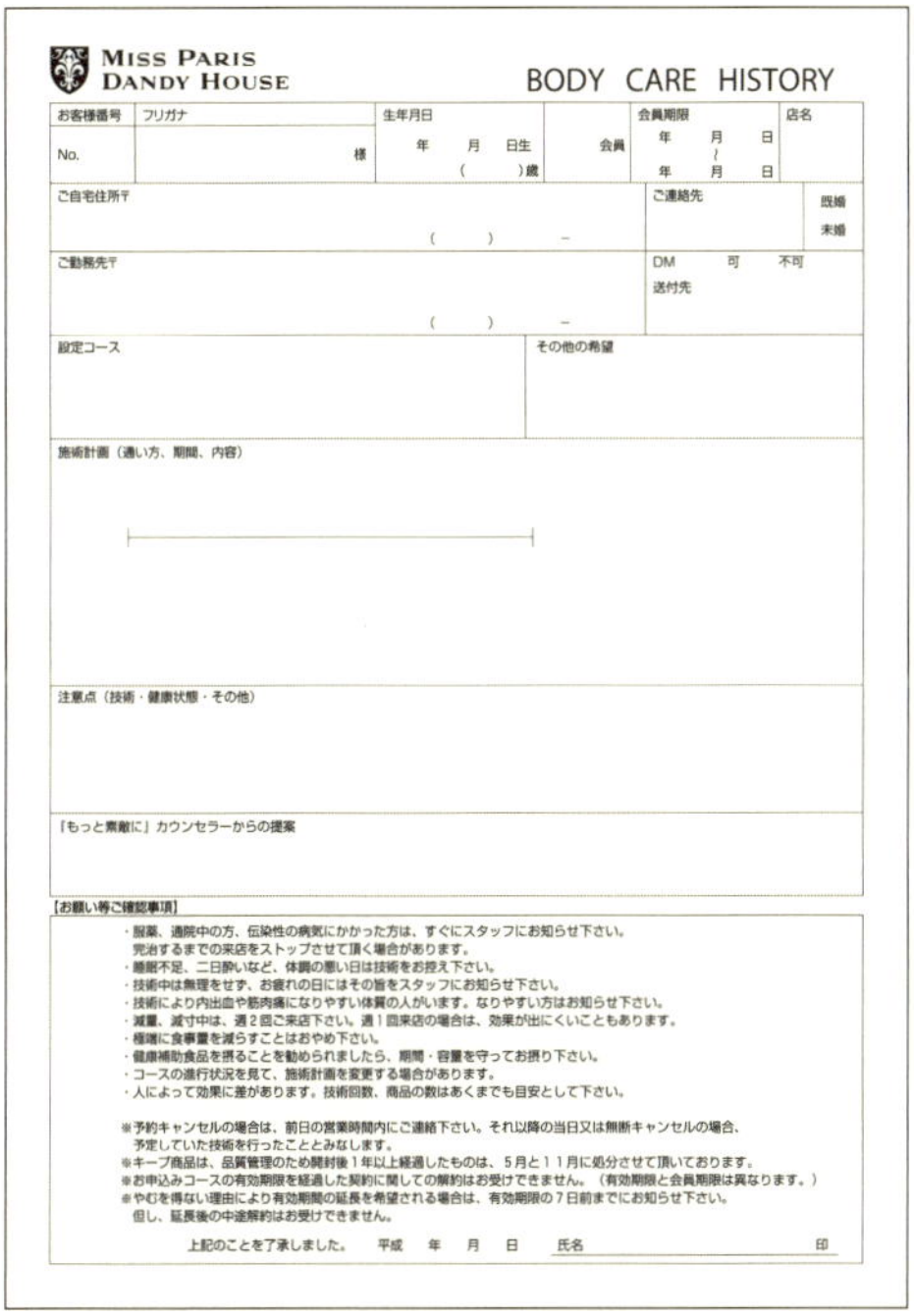

MISS PARIS
DANDY HOUSE

BODY CARE HISTORY

お客様番号	フリガナ	生年月日		会員期限	店名
No.	様	年　月　日生 （　）歳	会員	年　月　日 ～ 年　月　日	

ご自宅住所〒　（　）　－

ご連絡先　既婚　未婚

ご勤務先〒　（　）　－

DM　可　不可
送付先

設定コース

その他の希望

施術計画（通い方、期間、内容）

注意点（技術・健康状態・その他）

「もっと素敵に」カウンセラーからの提案

【お願い等ご確認事項】

・服薬、通院中の方、伝染性の病気にかかった方は、すぐにスタッフにお知らせ下さい。
　完治するまでの来店をストップさせて頂く場合があります。
・睡眠不足、二日酔いなど、体調の悪い日は技術をお控え下さい。
・技術中は無理をせず、お疲れの日にはその旨をスタッフにお知らせ下さい。
・技術により内出血や筋肉痛になりやすい体質の人がいます。なりやすい方はお知らせ下さい。
・減量、減寸中は、週２回ご来店下さい。週１回来店の場合は、効果が出にくいこともあります。
・極端に食事量を減らすことはおやめ下さい。
・健康補助食品を摂ることを勧められましたら、期間・容量を守ってお摂り下さい。
・コースの進行状況を見て、施術計画を変更する場合があります。
・人によって効果に差があります。技術回数、商品の数はあくまでも目安として下さい。

※予約キャンセルの場合は、前日の営業時間内にご連絡下さい。それ以降の当日又は無断キャンセルの場合、
　予定していた技術を行ったこととみなします。
※キープ商品は、品質管理のため開封後１年以上経過したものは、５月と１１月に処分させて頂いております。
※お申込みコースの有効期限を経過した契約に関しての解約はお受けできません。（有効期限と会員期限は異なります。）
※やむを得ない理由により有効期間の延長を希望される場合は、有効期限の７日前までにお知らせ下さい。
　但し、延長後の中途解約はお受けできません。

上記のことを了承しました。　平成　年　月　日　氏名　印

『ミス・パリ』『ダンディハウス』で実際に使われているボディケアシート。すべてのデータが記録されて、そこから一人ひとりにあったダイエットプランが作成されます。

■食事生活ノート

コースがスタートしますと、食事や生活内容を記入するための専用シートが渡されます。お客様はそのシートに毎回の食事や間食の内容を記入して、次の来店時に提出します。ダイエットプロフェッショナルはそれを基に「何をどう改善すれば早く痩せられるのか」を割り出し、効果の高い食事指導につなげていきます。

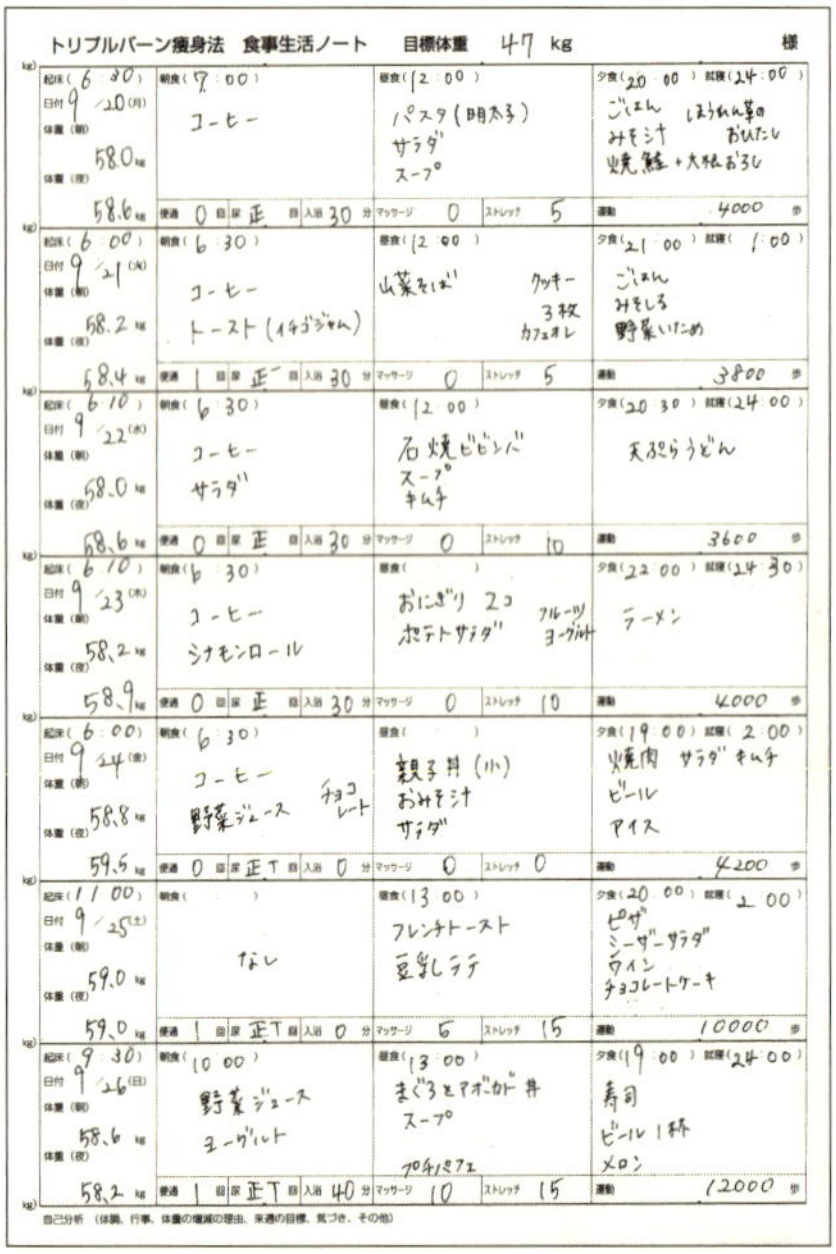

トリプルバーン痩身法　食事生活ノート　目標体重　47 kg　様

起床	日付	体重(朝)	体重(夜)	朝食	昼食	夕食	就寝	便通	尿	入浴	マッサージ	ストレッチ	運動
6:30	9/20(月)	58.0kg	58.6kg	(7:00) コーヒー	(12:00) パスタ(明太子) サラダ スープ	(20:00) ごはん みそ汁 焼鮭＋大根おろし ほうれん草のおひたし	24:00	0回	正回	30分	0	5	4000歩
6:00	9/21(火)	58.2kg	58.4kg	(6:30) コーヒー トースト(イチゴジャム)	(12:00) 山菜そば クッキー3枚 カフェオレ	(21:00) ごはん みそしる 野菜いため	1:00	1回	正回	30分	0	5	3800歩
6:10	9/22(水)	58.0kg	58.6kg	(6:30) コーヒー サラダ	(12:00) 石焼ビビンバ スープ キムチ	(20:30) 天ぷらうどん	24:00	0回	正回	30分	0	10	3600歩
6:10	9/23(木)	58.2kg	58.9kg	(6:30) コーヒー シナモンロール	おにぎり 2コ ポテトサラダ フルーツヨーグルト	(22:00) ラーメン	24:30	0回	正回	30分	0	10	4000歩
6:00	9/24(金)	58.8kg	59.5kg	(6:30) コーヒー 野菜ジュース チョコレート	親子丼(小) おみそ汁 サラダ	(19:00) 焼肉 サラダ キムチ ビール アイス	2:00	0回	正T回	0分	0	0	4200歩
11:00	9/25(土)	59.0kg	59.0kg	なし	(13:00) フレンチトースト 豆乳ラテ	(20:00) ピザ シーザーサラダ ワイン チョコレートケーキ	2:00	1回	正T回	0分	5	15	10000歩
9:30	9/26(日)	58.6kg	58.2kg	(10:00) 野菜ジュース ヨーグルト	(13:00) まぐろとアボカド丼 スープ プチパフェ	(19:00) 寿司 ビール1杯 メロン	24:00	1回	正T回	40分	10	15	12000歩

自己分析（体調、行事、体重の増減の理由、来週の目標、気づき、その他）

これが『ミス・パリ』『ダンディハウス』で実際に使われている食事生活ノート。自分の毎回の食事内容を細かく書き出してみると「それほど食べていなかったつもり」「間食も人より少ないつもり」といった自分の「つもり」が、意外とそうではなかったことなどが一目で分かります。

■ヘルスチェック

「ヘルスチェック」とは、足と手、合計24か所にある各内臓のツボに電極をあてて各内臓のエネルギー量を測ることで「身体の元気度」を測定するものです。具体的には代謝機能がどのくらいのレベルなのか、環境の変化や刺激に対応する能力はどのくらいなのか、病気に対する抵抗力やスタミナはどの程度あるのか、ストレスの度合いなどがこれによって測定できます。これにより、お客様に必要なトリートメントや食事指導の内容などを導き出すことができます。

実際に出てきた数値は、ダイエットプロフェッショナルがグラフにして提示しますが、お客様の身体の状態によってさまざまな形のグラフになります。たとえば全体的に活力が弱まっているような状態であれば、すべての数値が平均値を下回るような「低空飛行型」のグラフになります。また、活力はあるけれど、代謝が十分でない「溜め込み型」の場合には、

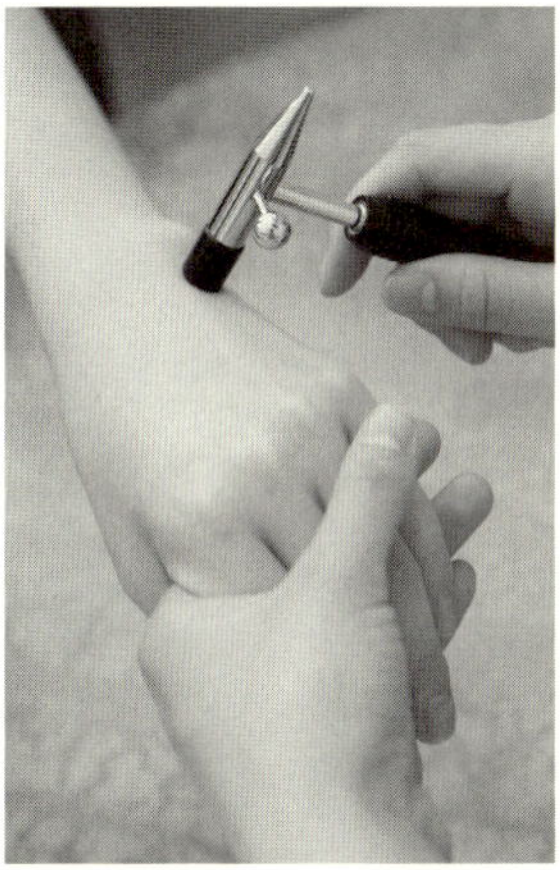
ヘルスチェックでは、手足のツボの電気量を測り、身体や神経のバランスを見ます。

グラフがZ型になって出てくるなど、一目見るだけで、身体の内側の様子がわかります。
このヘルスチェックは定期的に実施します。

■体組成計

体組成計は、ただ、体重が減少しているかだけではなく、健康的にダイエットできているかを測るために使用する機器です。

実際の計測は体重測定と同様に専用の機器に乗り、さらに体脂肪等の計測用のバーを握るだけで全身の体重、体脂肪率、基礎代謝量、右腕だけ、左脚だけなど、身体の各部位別の体脂肪率、筋肉量などをチェックできます。

リバウンドを防ぐためには、筋肉量を減らすことなく、体脂肪のみを減らす必要があります。そこで理想的なダイエットができているのかを確認するために、体組成計で定期的に各部位の体脂肪、筋肉量を計測し、プリントアウトしたものをカルテとともに保管します。

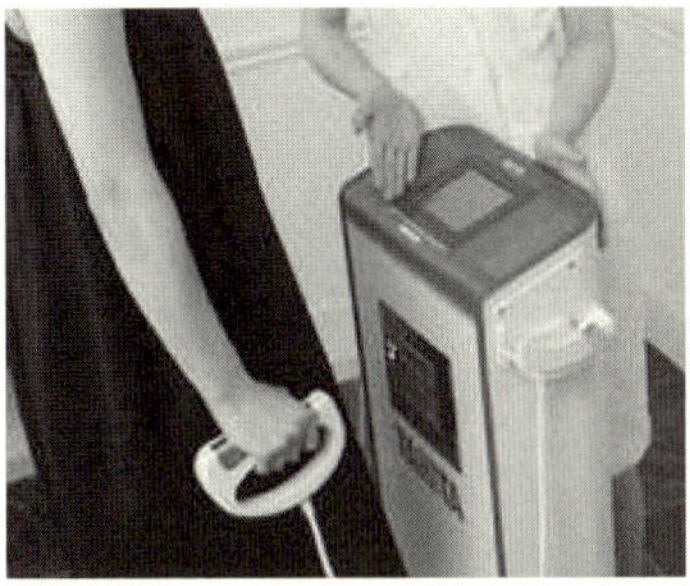

体組成計では、体重や全体の体脂肪率だけではなく、身体の各パーツごとの体脂肪率や筋肉量を測ることができます。定期的に計測することにより、筋肉量を落とさずに体脂肪率が落ちているかなど、正しいダイエットが行われているのかをチェックすることができます。

体組成計計測結果

TANITA
体組成計 BC-118 D
'10/08/21 15:18

体型モード	スタンダード
性別	女性
年令	30才
身長	166．0cm
体重	65．0kg
体脂肪率	33．2%
脂肪量	21．6kg
除脂肪量	43．4kg
体水分量	31．8kg
基礎代謝量	1215kcal
BMI	23．6
標準体重	60．6kg
肥満度	7．2%
体脂肪率標準範囲	
	22．0～35．9%
	12．3～24．3kg
インピーダンス	
全身	617Ω
右足	256Ω
左足	240Ω
右腕	346Ω
左腕	347Ω
部位別測定データ	
右足	
体脂肪率	36．1%
脂肪量	3．8kg
除脂肪量	6．8kg
推定筋肉量	6．3kg
左足	
体脂肪率	35．2%
脂肪量	3．9kg
除脂肪量	7．1kg
推定筋肉量	6．6kg
右腕	
体脂肪率	28．6%
脂肪量	0．9kg
除脂肪量	2．1kg
推定筋肉量	2．0kg
左腕	
体脂肪率	29．6%
脂肪量	0．9kg
除脂肪量	2．1kg
推定筋肉量	1．9kg
体幹部	
体脂肪率	32．5%
脂肪量	12．2kg
除脂肪量	25．3kg
推定筋肉量	23．5kg

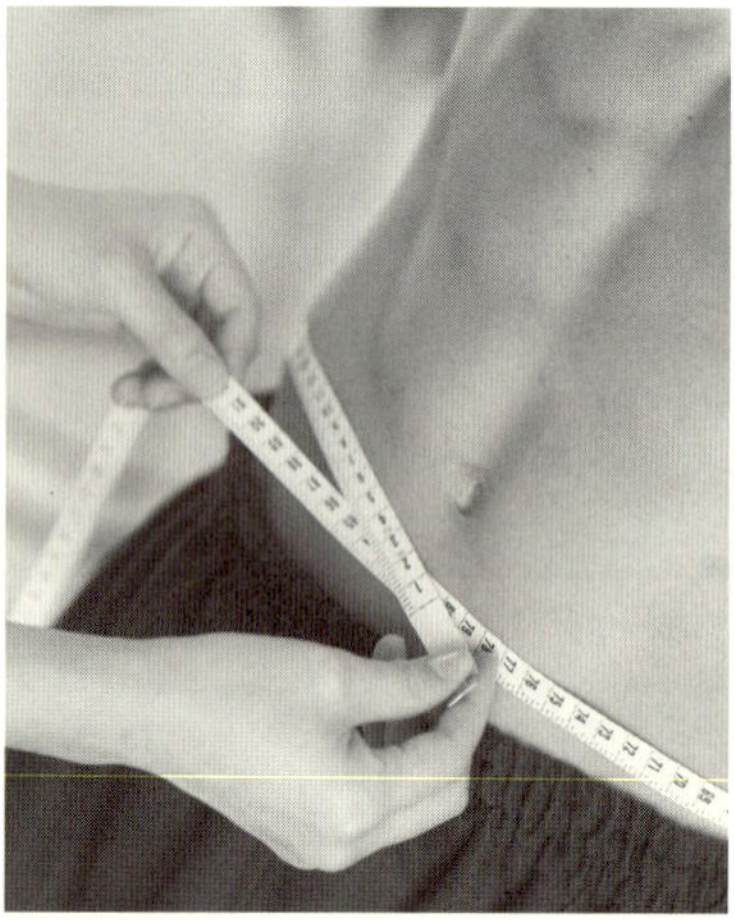

停滞期で体重が落ちにくい時期にも、サイズダウンを目で見て確認することで、ダイエット継続への励みにもなります。

■メジャーリング

「きれいに痩せているか」を確認するために、定期的に腕から足首まで、全身16か所のサイズを測定します。具体的な数字で、自分自身の身体の変化がわかるので、継続への意欲がわきます。

■写真撮影

実際に体重が何キロ減ったかという数値の推移もダイエットをする上で大きな励みになりますが、外見の変化というのも気になる部分です。

そのため定期的に写真撮影を行います。女性はレオタード姿、男性はトランクス姿で正面、側面、背面からの3カットを写します。写真を見ることで女性ならば必要な部分にくびれができているか、男性ならば引き締まってきたかなど、理想の身体へときれいに痩せていっているかを、目で見て確認することができます。ダイエットの効果が実感できるので、継続意欲の向上にも繋がります。

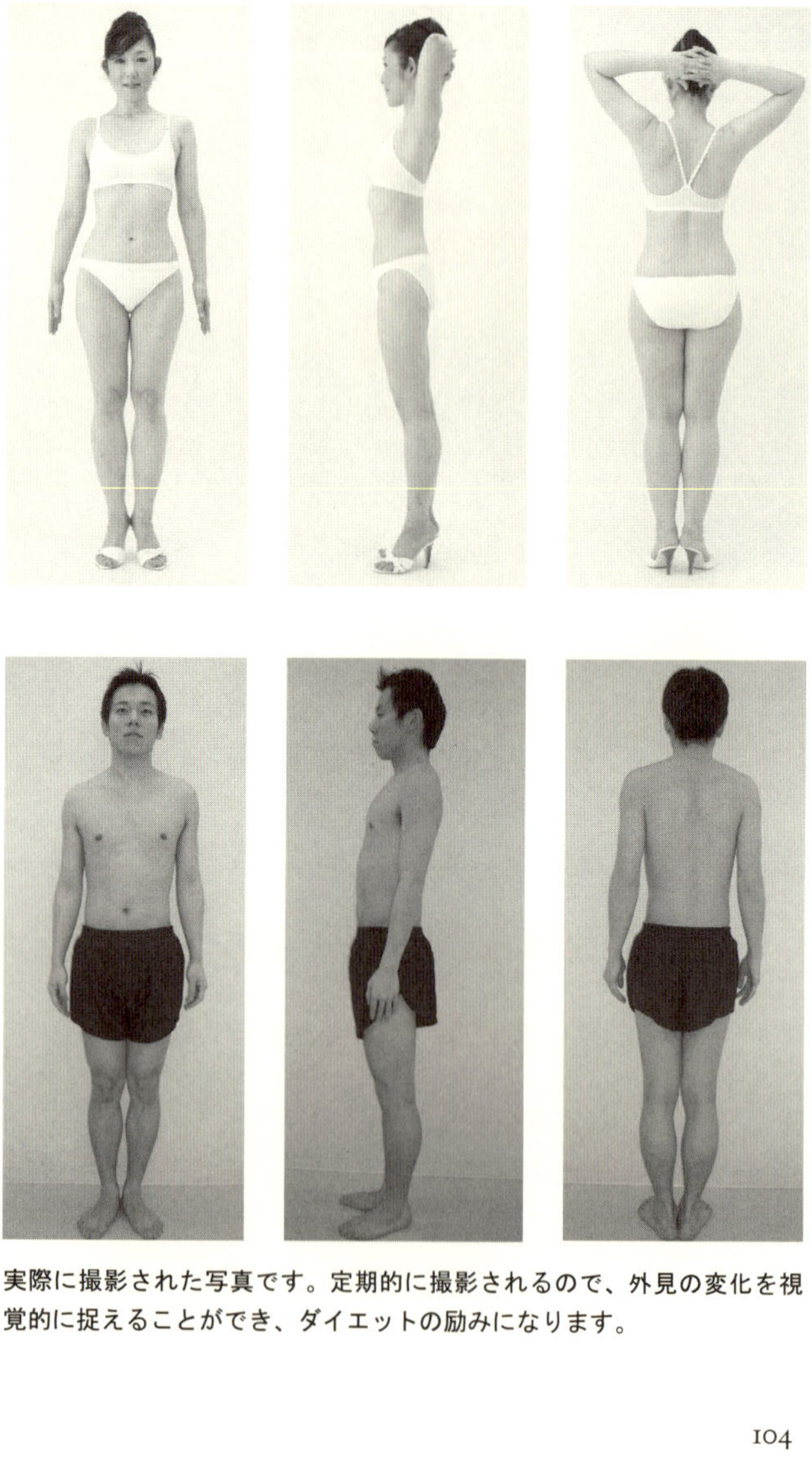

実際に撮影された写真です。定期的に撮影されるので、外見の変化を視覚的に捉えることができ、ダイエットの励みになります。

外面美容その1——遠赤外線サウナ

それではいよいよ、実際のトリートメントの内容について、詳しく説明していきます。

まずご紹介するのが「遠赤外線サウナ」です。銭湯などにあるサウナの場合、100度近い温度の部屋に入っていくため、特有の息苦しさが伴い、それが苦手という方もとくに女性に多いようですが、私共がオリジナルに開発した遠赤外線サウナは、カプセル型で首から上は外に出ているため、サウナが苦手という方も楽に入れます。

この遠赤外線サウナには、体内に蓄積されている有害な重金属（カドミウム、鉛、銅など）や尿素、乳酸といった毒素を汗とともに排出させることで新陳代謝を活発にする効果があるほか、身体を温めることで筋肉の温度を高め、脂肪分解酵素であるリパーゼを活性化させ、痩せやすい状態にします。また、血液循環をよくして筋肉の温度を上げ、その後のトリートメントで行う筋肉運動の効果を最大限に高め、脂肪燃焼しやすい状態にします。

一般的に冷え性の人は痩せづらい傾向がありますが、冷えた身体に対していきなり筋肉収縮効果のある機器を使用すると、怪我やトラブルを誘因してしまう怖れがあります。遠赤外線サウナには、トリートメント効果を最大限に引き上げるだけではなく、怪我などの防止といった意味合いもあるのです。

また、遠赤外線サウナに入る前には、「ミス・パリ　アイオンクリーム」と「SC　SQオイル」を、気になる部分を中心に、全身に塗っていきます。この「ミス・パリ　アイオンクリーム」は、「トルマリン」、天然の粘土鉱物「ベントナイト」を主成分に、出雲の源泉の湧き水を抽出したミネラル分の多いイオン水を含ませた「粘土のクリーム」です。

「SC　SQオイル」は、深海ざめの肝油から得られる高純度のスクワランオイルで、皮膚への刺激が少なく、エモリエント効果に優れています。これらを塗布することで、岩盤浴効果を得ることができます。また、その後のトリートメントで使用する中周波機器の通電性を高め、パットの摩擦

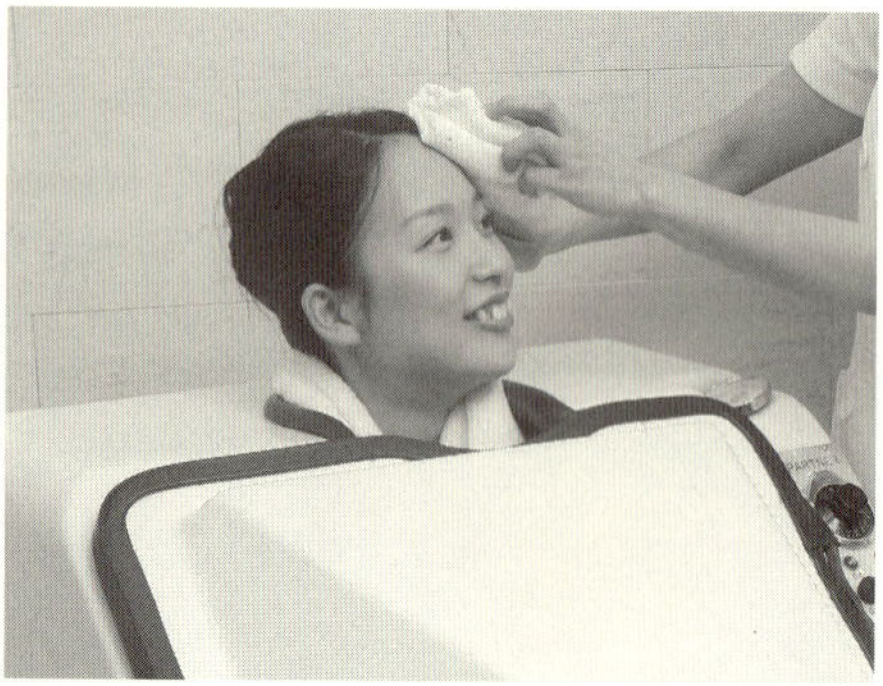

遠赤外線サウナの様子。首から上が出ているため、通常のサウナと違い息苦しさなどを感じることはありませんが、SC SQ オイル等の効果もあり、驚くほどの発汗作用があります。

による皮膚トラブルから肌を守る役割もはたしています。

遠赤外線サウナに入る時間は、その日の体調や発汗の状態を見て調整します。実際に遠赤外線サウナに入ってみると、強い暑さや息苦しさはまったく感じないのに、まさに玉のような汗が全身から吹き出してくることにびっくりさせられるはずです。

外面美容その2――ミリオンウェーブ

脂肪分解を目的に使用されているのが、実用新案登録（第3135343号）されたオリジナル超音波機器「ミリオンウェーブ」です。

食事で摂取された栄養素は、消化吸収を経て、遊離脂肪酸と糖になって血中を流れます。これが筋肉で燃焼消費されればエネルギーを発生するほか、汗や尿、そして呼吸となって体外に排出されます。

しかし、食べ過ぎた状態で運動もしなければ、脳の視床下部から指令が出て、遊離脂肪酸や糖を脂肪に合成して体内に蓄積させてしまいます。逆に食事量が少なかったり、運動量が多くなると、やはり脳から指令が出て、脂肪を分解して遊離脂肪酸と糖を血中に戻す仕組みになっています。

実はミリオンウェーブは、この仕組みを利用した機器なのです。ミリオンウェーブをあてると、脳の指令に関係なく、交感神経の末端から脂肪分解ホルモンである「ノルアドレナリン」が放出されます。つまり激しく、つらい運動をすることなく、ミリオンウェーブを痩せたい部分に当てるだけで脂肪分解ができてしまうというわけです。

■細動脈の平滑筋と自律神経の走査電顕像

（愛媛大学医学部第２解剖・藤原隆先生）

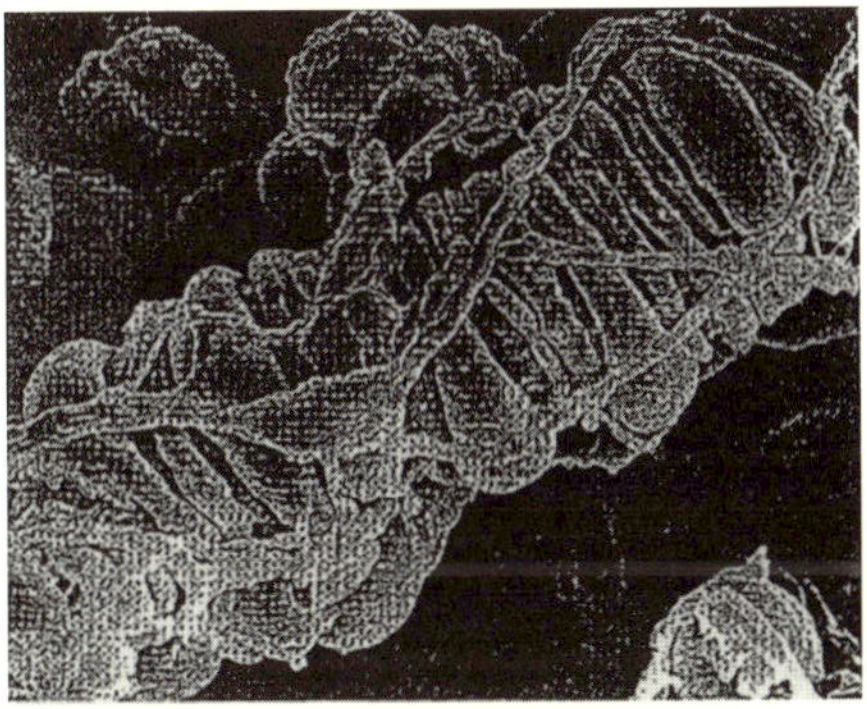

■細動脈に分布する交感神経の末端から、ノルアドレナリンが放出される模式図

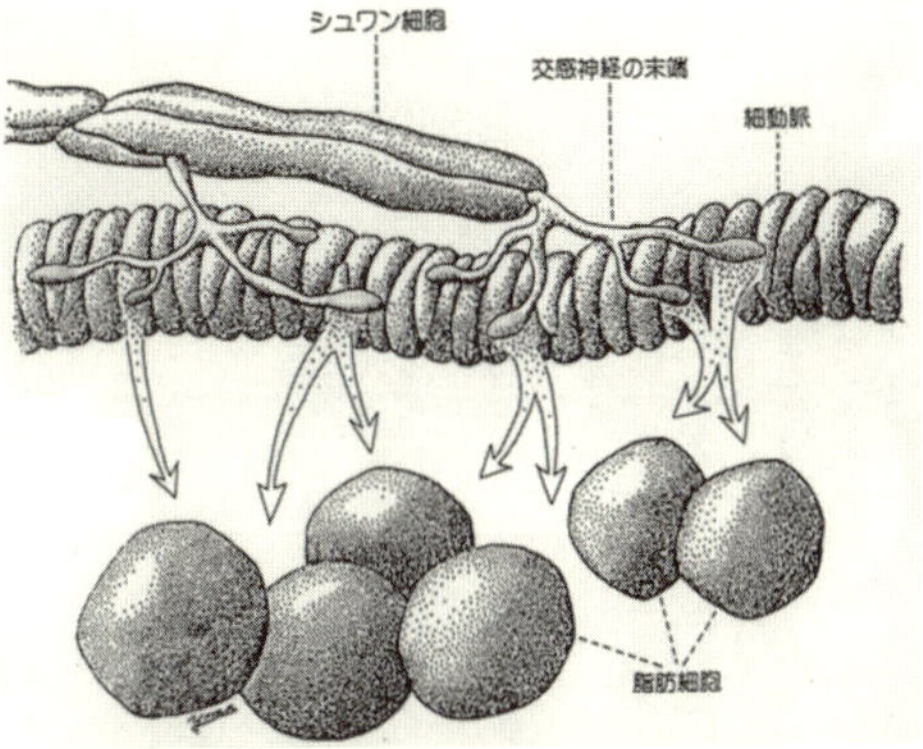

ミリオンウェーブを使用すると、脳の指令を待つことなく脂肪分解物質であるノルアドレナリンが放出されるため、まさに寝たままで、激しい運動をしたのと同等の脂肪分解効果を得ることができます。

「ミリオンウェーブ」は部分痩せにも効果的

ミリオンウェーブは、超音波による振動機器ですが、科学的なデータに基づき、ノルアドレナリンをもっとも効率よく発生させるための周波数517khzを軸に100khz間で変調をかけることで、誰にでも広く効果がでる機器の開発に成功したものです。

ミリオンウェーブのミクロの波が身体に送られることで身体の深部を温めながら皮下脂肪をほぐしていきますが、実際に身体にパットをつけてみると、あまりの振動の速さに、逆になんの痛みも振動も感じないほど。しかし実際には、寝ているだけで皮下脂肪をほぐすことができる画期的な痩身機器なのです。

さらにミリオンウェーブは、脳の指令とは無関係に脂肪分解ホルモンを分泌させることができるので、痩せたい部分に装着することで、「部分痩せ」にも効果が高いという特徴があります。

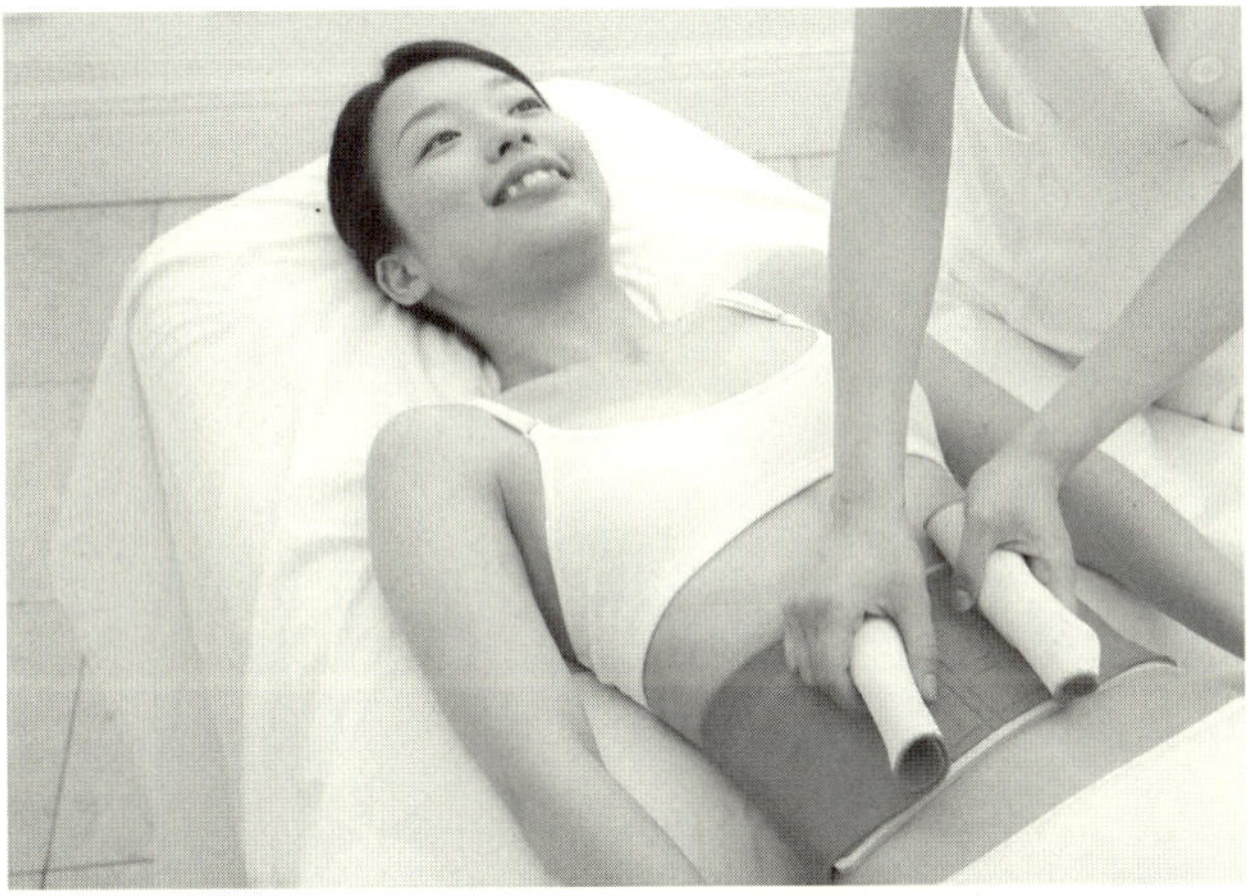

ミリオンウェーブは、従来の機器ではなかなかたどりつくことが難しかった身体の深部にまでアプローチして皮下脂肪を分解していきます。また、痩せたい部位に装着することで、その部位に集中的に脂肪分解ホルモンを放出させることが可能なので、部分やせにも最適です。

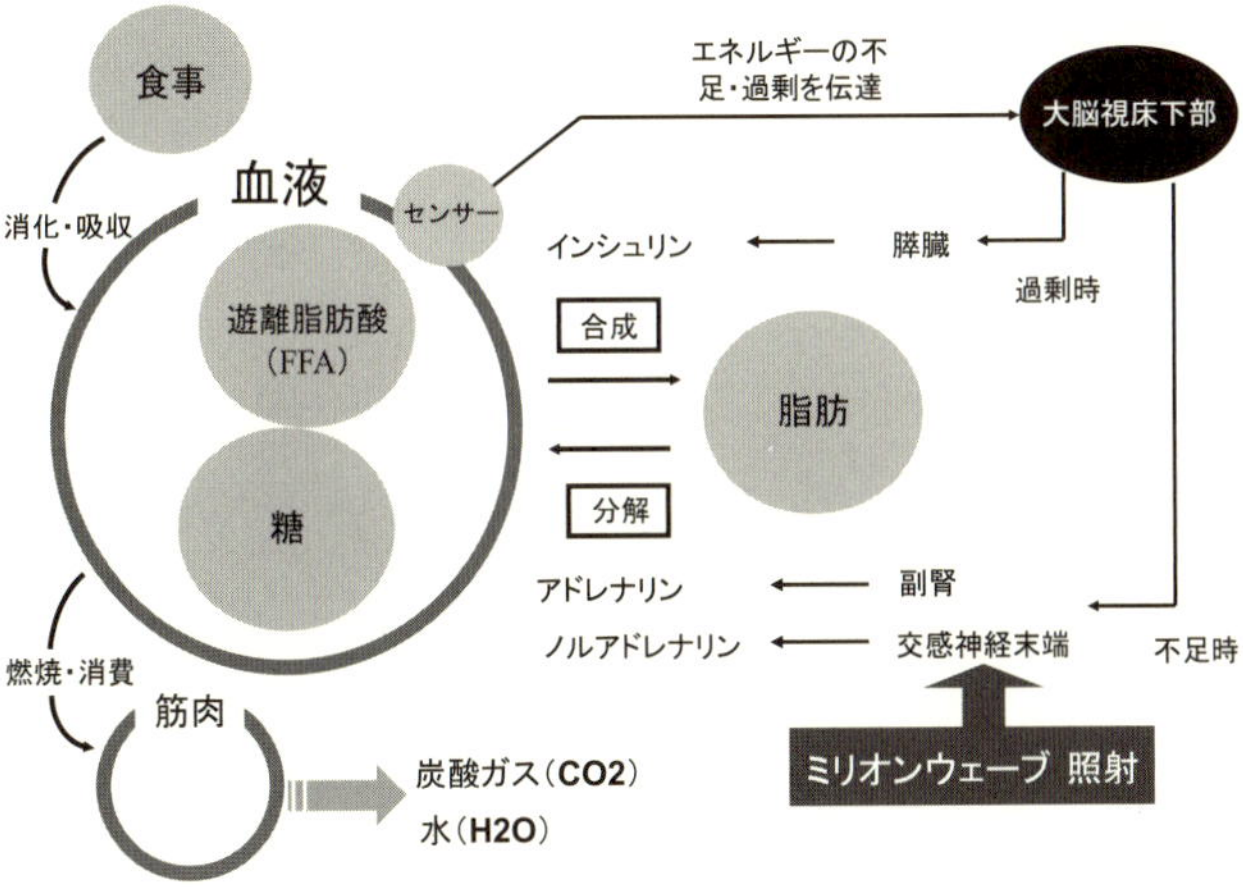

外面美容その3――「セルライトバーン」

トリプルバーン痩身法の第一の目的は、セルライト、皮下脂肪、内臓脂肪の三つの脂肪をターゲットにして老廃物の排出を促しながら脂肪を燃焼させ、身体の新陳代謝を活発にして痩身に導くものです。その中でも、セルライトケアを目的に開発されたのが「セルライトバーン」です。

そこでセルライトバーンの効果を紹介するにあたり、まずはセルライトについて、もう一度詳しく説明しておきたいと思います。

おもに美容業界を中心に、「セルライト」についての研究が始まったのは、実は一九八〇年代に入ってからのことです。欧米で「オレンジピールスキン」（オレンジの皮の肌）と言われているように、セルライトがついている部分は、肌がでこぼこして滑らかさを失います。

セルライトができる原因は、血液の循環障害にあるといわれています。セルライトにはできやすい部分があり、お尻、大腿裏部、二の腕、ひざの内側、腹部などが代表的です。

「セルライト」解消の一番の方法は「もみほぐす」こと！

成人女性の80〜90％以上にあるといわれるセルライトですが、実はセルライトは肥満傾向にある人だけにあるわけではありません。体型に関係なく、体脂肪率の低い人、つまりやせ型の人であってもセルライトはできてしまうのです。さらにセルライトは、いわば「エネルギー源として燃えることのない脂肪細胞」ですから、通常のダイエットやエクササイズだけでは除去することができない、非常にやっかいな存在なのです。

このやっかいなセルライトを消失させるために一番効果的であり、唯一ともいえる方法は、「もみほぐす」ことです。

セルライトは、すきまなくギュッと詰まった脂肪細胞です。それをもみほぐすことによって分解させ、さらに血液やリンパ液の流れを良くし排出させることで、身体から消えていきます。

「スーパーセルライト」でセルライトをもみほぐす！

そしてセルライトをもみほぐすために開発されたのが「スーパーセルライト」と呼ばれる特殊機器です。これは医療機器メーカーと共同開発した、ミス・パリオリジナルの機器です。

スーパーセルライトは、頑固なセルライトを外側から吸引しながら同時にもみほぐし、まずはセルライトの結合を緩めます。その後、リンパの流れを良くし、体内の老廃物の排出を促進します。セルライトが消失すれば、太りにくい体質に一歩近づくだけではなく、美しく滑らかなボディラインを作ることができます。

また、この時同時に「セルライトマンスール」というオイルを使用します。リンパ系を刺激し、体内の水分代謝を良くするといわれるグレープフルーツの香りのオイルには、脂肪分解を促進する「リパーゼ」と呼ばれる物質を活性化させる植物成分が含まれています。

トリートメント前には、実際に自分でも気になる部分、落としたい部分に触れてみるようにとダイエットプロフェッショナルに言われます。すると外見からは同じように見える脂肪でも、部位によって固さが違ったり、でこぼこ感がある部分があることがわかります。周囲の脂肪と比較して固くなっていたり、でこぼこしている部分があれば、そこが脂肪がすでにセルライト化している部分です。

実際にセルライトバーンを行うと、セルライトがついていない部分では、なんの痛みも振動も感じません。ところがセルライトがある部分に当てられると、軽い痛みを感じます。しかし2～3回トリートメントを重ねてセルライトが解消されると、同じ部位に当てても、今度はなんの痛みも感じないため、効果を実感することができます。

セルライトは、通常のダイエットだけでは落とすことができないため、「痩せたのに下腹がぽっこり出たまま」といったことがよく起きてしまうのです。ただ単に痩せるだけではなく、見た目も美しくなるためには、セルライトにアプローチして解消させることが必要なのです。

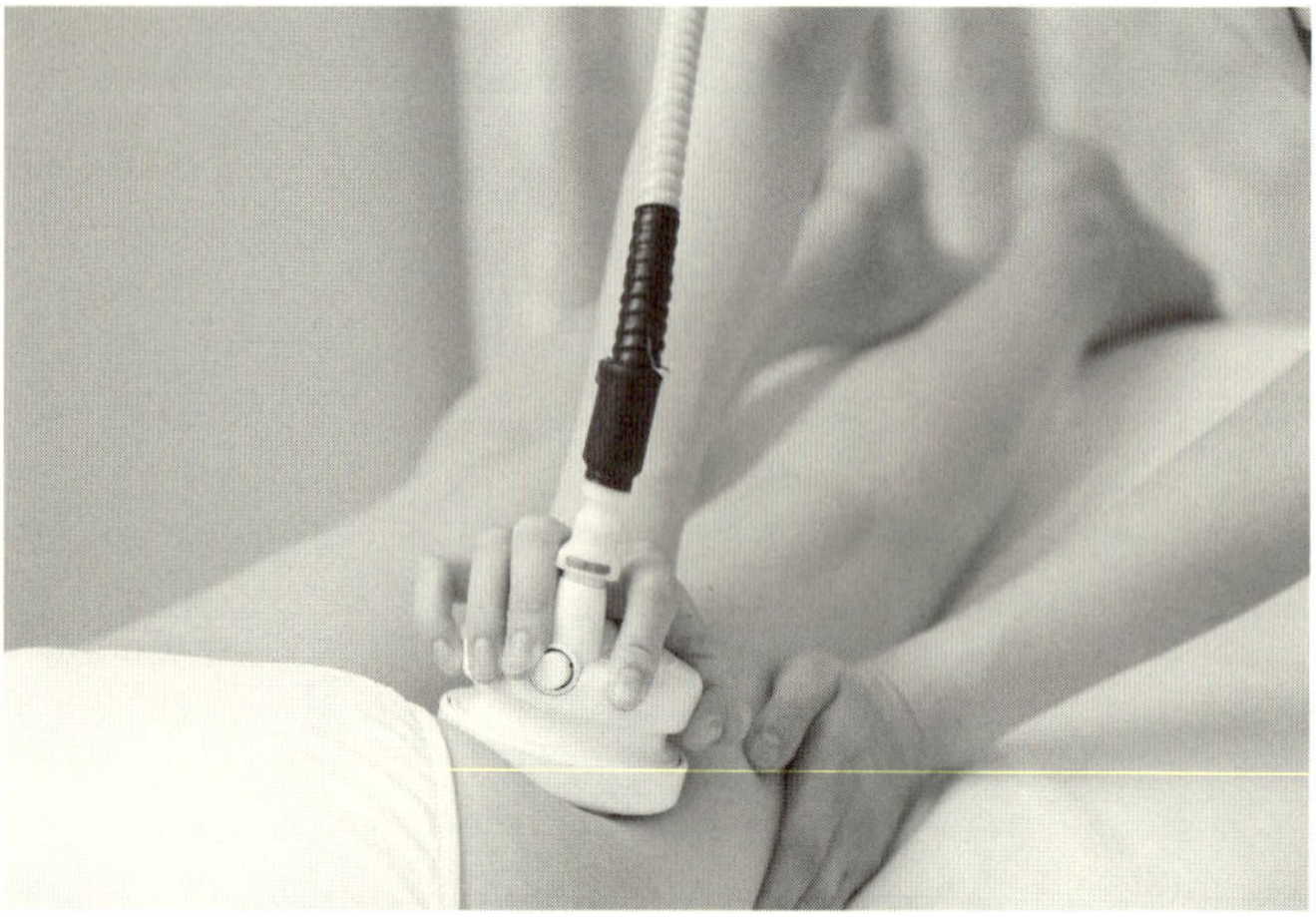

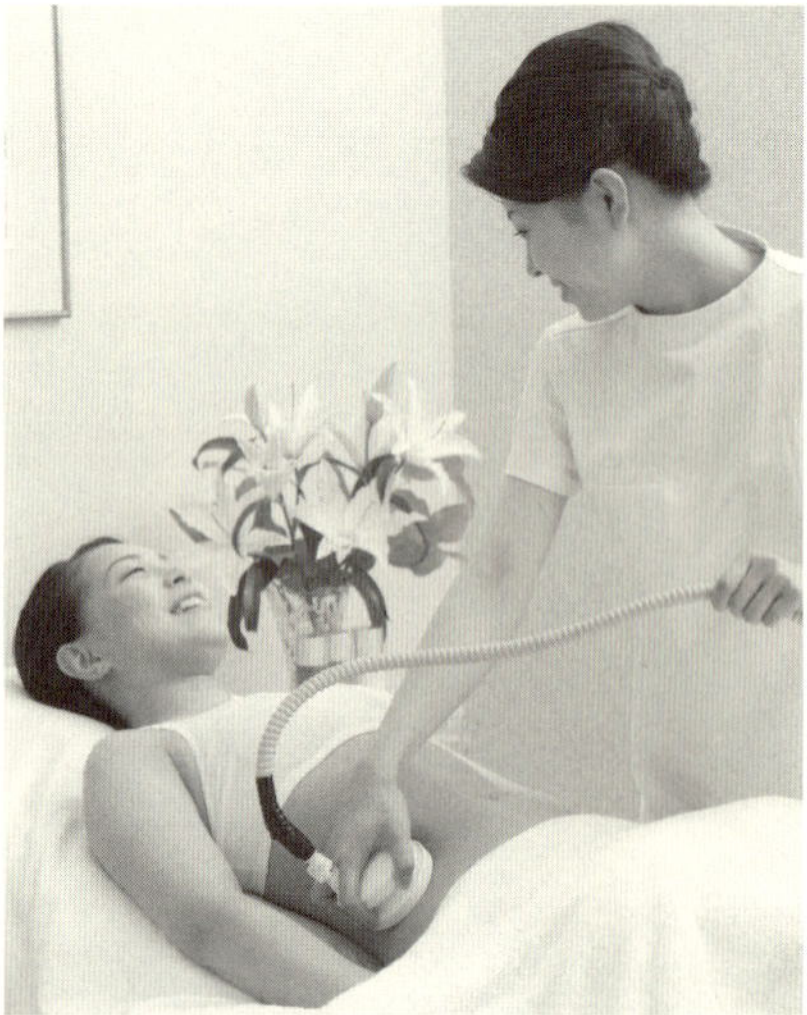

セルライトがある部分にセルライトバーンをあてると、軽い痛みを感じる場合がありますが、それはセルライトに直接アプローチしている証拠。トリートメントを重ねてセルライトがほぐれるとなにも痛みを感じなくなるので、その効果をまさに体感することができます。

外面美容その4――ファットバーン

「ミリオンウェーブ」が脂肪の分解を主な目的としているのに対し、脂肪燃焼を目的としているのが「ファットバーン」です。

ファットバーンも、ミス・パリオリジナル開発機器で、二〇一〇年特許を取得した（特許第4463506号）「ファットバーナー」を使用します。このファットバーナーは一般的にＥＭＳ機器と呼ばれているものです。ＥＭＳ機器とは、電流を流すことによって自動的に筋肉を収縮させることができる機器のことで、現在では、各種スポーツ選手の筋肉増強や医療用リハビリテーションなどで幅広く活用されているものです。

従来からエステ業界では広くこのＥＭＳ機器が、シェイプアップを目的として用いられてきましたが、その多くが低周波電流を用いていました。

ところが、低周波電流は皮膚抵抗値が高く、そのため電流が皮膚表面で逃げてしまい、筋肉まで届きにくいという問題点がありました。

そこで私達はこの問題を解決するために、低周波よりも高い周波数である「中周波電流」に着目しました。

中周波電流の場合、低周波電流に比べてより深い筋肉からしっかりと筋収縮を行うことができるのです。

実際にその効果を、二〇〇四年に、国士舘大学大学院スポーツ・システム研究科で調査したところ、「ファットバーン」の効果に関し、さまざまなことがわかりました。

まず、筋肉内のグルコースが減少し、筋疲労物質「乳酸」が発生していました。つまり、筋肉の反応が、自分の力で運動した時と同じように出るのです。また、血液中の遊離脂肪酸が増加し、中性脂肪が減少することがわかりました。このことは、ファットバーンがただ皮膚の表面に刺激を与えているだけではなく、確かに筋肉運動を行っていることの証です。

結果、エネルギー消費量に関しては、なんと寝たままで、有酸素運動1時間分の運動効果をあげていることがわかったのです。

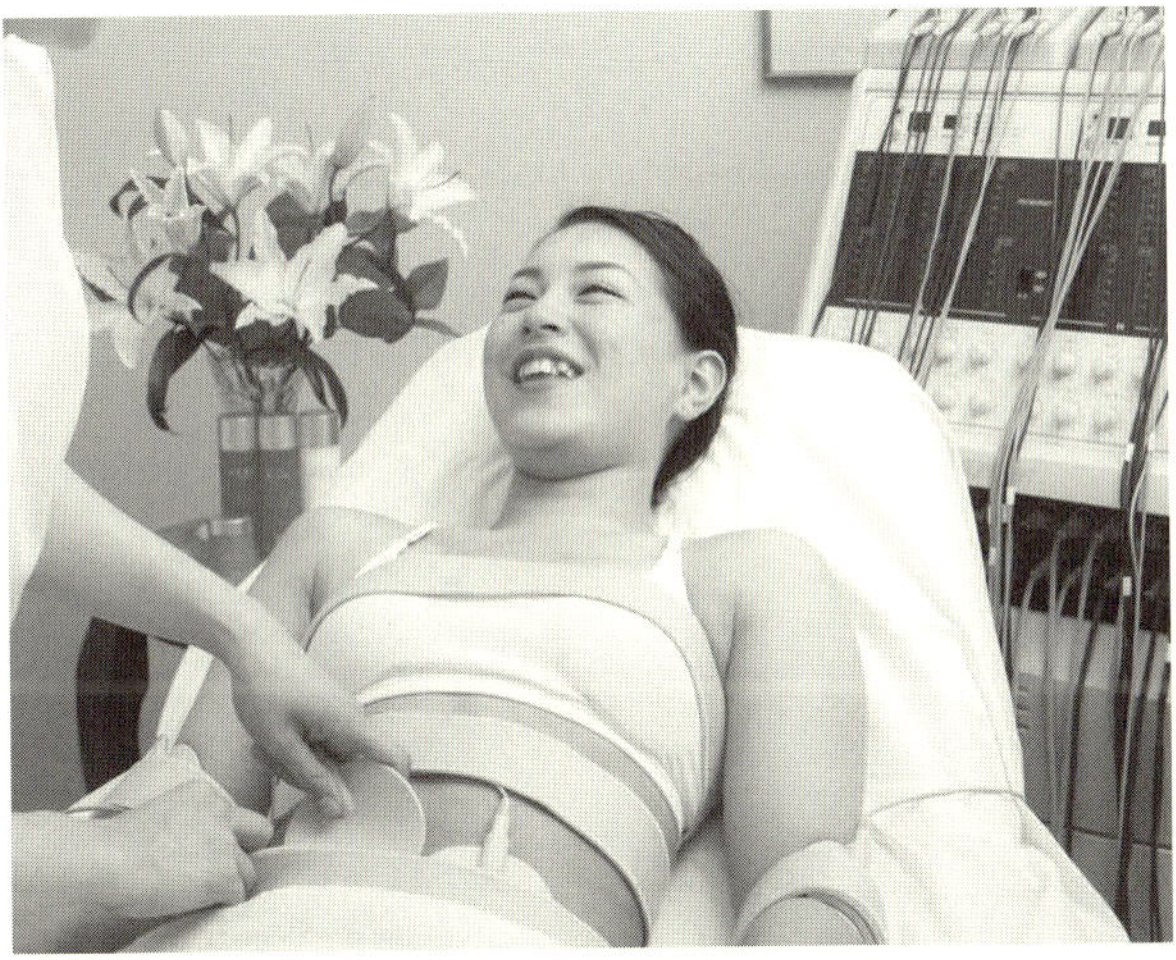

「ファットバーン」は従来の EMS 機器と違い、中周波電流を使っているため、筋肉の深部にまで刺激を与えることができます。

トリプルバーン痩身法 スポーツ医科学的検証結果

【国士館大学大学院スポーツ・システム研究科調べ】

期間：平成16年3月～平成16年8月／モニター：10名／モニター年齢：25歳～30歳／検証方法：トリプルバーン痩身法による使用前後指標比較

（図1）実験前後における乳酸の変化（ml/dl）

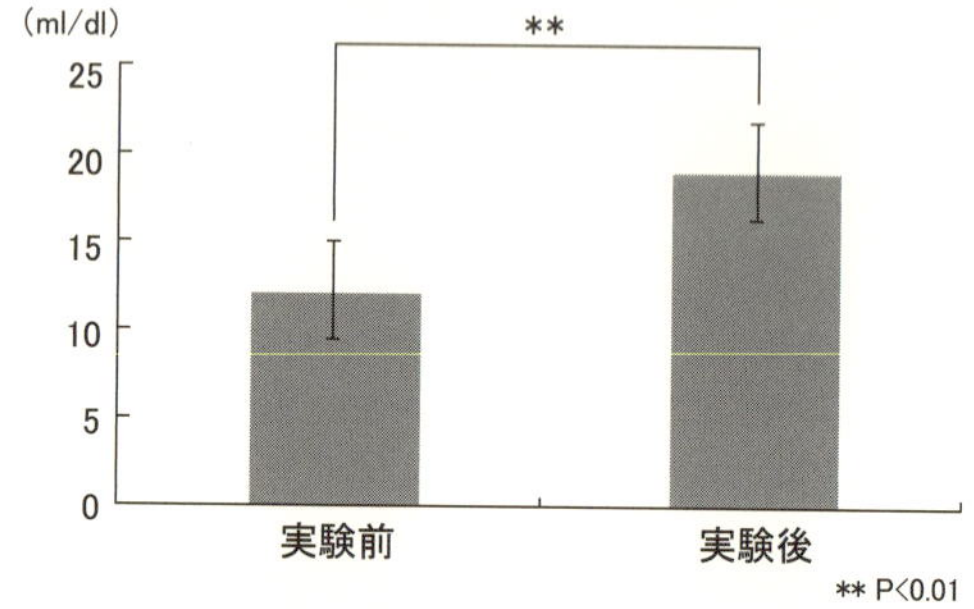

（図2）実験前後における遊離脂肪酸の変化（mEq/l）

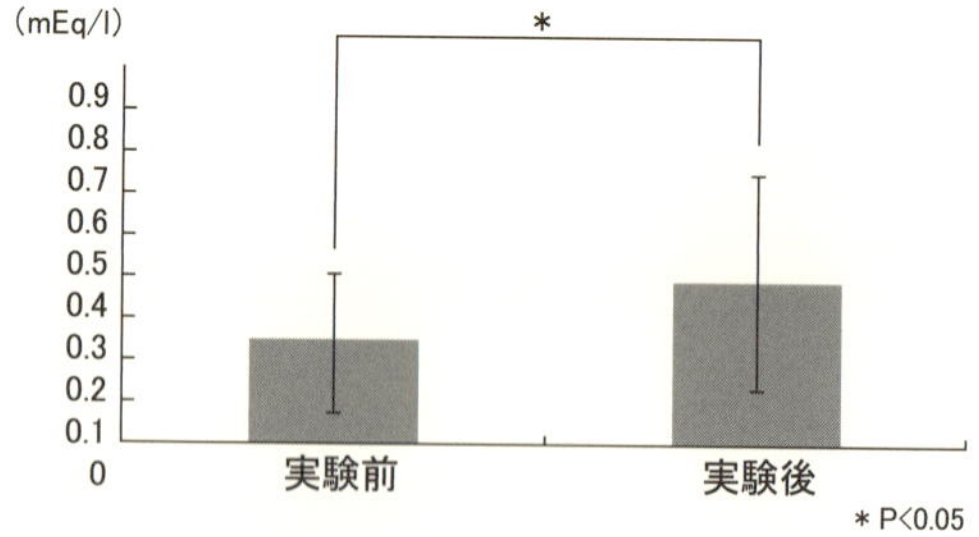

このグラフは、国士舘大学大学院スポーツ・システム研究科において分析された、トリプルバーン痩身法実施前後での乳酸と遊離脂肪酸の値の変化をグラフ化したものです。

この結果から、トリプルバーン痩身法は、寝たままであるにもかかわらず、乳酸がたまるレベルの激しい運動をしているのと同等の効果が得られることが実証されました。

ファットバーンにはむくみの改善効果も

ファットバーンは、トリートメント中、ずっと同じ刺激を与え続けるわけではありません。ウォーミングアップからクールダウンまで、大小のメリハリをつけた全8種類の運動プログラムを内蔵しており、速筋、遅筋すべての筋肉を効率よく鍛えることが可能です。

そのため大脚筋や腹筋、背筋など、より大きな筋肉をターゲットに確かな筋肉運動を行うことで、ダイエット時におこりがちな筋肉の衰退を防ぎ、基礎代謝を維持することができます。

そしてファットバーンのもう一つの特徴は、パッドを置く位置にあります。

パッドは、足の裏、腕など、東洋医学に基づいた全身のツボと筋肉の20か所に置きます。内臓のツボを刺激することで、水分代謝、むくみを改善し、毒素を排出しやすい身体へと体質改善を行っていきます。また、腹筋や太ももなどの筋肉を鍛え、カロリーを消費しやすい身体を作ります。

さらに、自律神経の走る背骨に沿ってパッドを配置することで、背中の張りをほぐすと同時に、自律神経のバランスを整える効果もあります。

ストレスが多い現代社会では、どうしても自律神経のバランスが乱れがちです。しかし、自律神経がバランスよく働かないと、余分な脂肪を溜めこんでしまったり、痩せにくい身体になってしまうのです。

ミリオンウェーブとセルライトバーンを併用することでより高い効果が

ミリオンウェーブで分解された脂肪は遊離脂肪酸となって血中に流れ込みますが、そのままでは再び中性脂肪へ合成されてしまいます。血中に流れ込んだ段階で運動を行うことで、はじめて確実に燃焼させることができます。つまり、セルライトバーンで燃えにくいセルライトをもみほぐし、ミリオンウェーブで脂肪細胞を分解した後、ファットバーンを行えば、より確実な脂肪燃焼効果を得ることができます。そして、まさにこれこそが、トリプルバーン痩身法の効果の高さの秘密でもあるのです。

内面美容について——食事で内面から美しく変わる

お客様が実際にサロンに通うのは週に2回、1回に2時間程度でしかありません。ですから日常生活においてもダイエットに向けた努力をして頂きます。それが、早く効果を出すことに繋がるのです。

そこで私達は、お客様に「食事生活ノート」の記入をお願いし、サロンに来店するたびに提出して頂いています。

この「食事生活ノート」には、口にしたものすべてを記入します。ですから三食だけではなく、間食や水分についても記入することになります。もちろん、その内容をダイエットプロフェッショナルが見て、食事・生活指導を行う参考にしますが、それだけではなく、こまめに記入することで、お客様が自分自身で体重をコントロールできる食習慣を身に付けることを目指しているのです。

さらにこの「食事生活ノート」には、便通や排尿の回数、入浴時間なども記入し、きちんと排泄機能が働いているかもチェックします。
以下は、日常生活に役立つワンポイントアドバイスです。

食生活ワンポイントアドバイスその1　水分摂取は1日2リットルを目標に！

水分は、1日2リットル摂るのが理想的。もちろん水分にはお味噌汁なども含まれます。アルコール類、糖分が入ったコーヒー、スポーツドリンク、市販の野菜ジュースなどは意外と糖分含有量が高いので控えるようにし、なるべく排泄されやすいミネラルウォーターで水分を補給するようにします。

食生活ワンポイントアドバイスその2　食事の基本は1日30品目

ダイエット中の食事は、高カロリーの食品を控えることはもちろんですが、「1日30品目」を目標に、色々な栄養素をバランスよく摂るように心がけます。

また、たとえ同じ食品であっても、調理方法によってカロリーは大きく異なるので調理の工夫も大切です。そして、麺類を食べた時はスープを残すなど、ダイエット中はちょっとしたひと工夫で、結果に大きな違いが出ることも、覚えておきたいものです。

食に対する正しい知識は、ダイエットを成功させる大きな鍵になります。

「食養」で痩せやすい体質を目指す！

外面美容がエステティックトリートメントにより美しいプロポーションを作るものだとすれば、内面美容は身体の内側から健康に、そして痩せやすい体質へと変化させるアプローチです。

ただ、体質改善を目指すためには、食事生活ノートなどで、日々の食生活の改善を行うだけでは十分だとはいえません。なぜなら、太りやすく痩せづらい体質になっている人の身体の中では、宿便、悪玉コレステロール、余分な体脂肪などが蓄積しており、それらをきちんとデトックスして一度身体をリセットする必要があるからです。

例えば汚れた川の水にいくらきれいな水を流し込んだところで、なかなか水は浄化されません。でも、一度汚水をすべて廃棄して、きちんと川底の掃除をしてから改めてきれいな水を注ぎ込めば、真に美しい川の流れが蘇ります。体質改善を目指すには、これと同じ作業を身体の中で行う必要があります。そのために必要なのが、トリプルバーン痩身法で用いられている「食養」の数々なのです。

宿便をデトックス！「ヨーグルン」

身体の中の大掃除をするための第一歩として必要なもの、それは腸の大掃除です。

実は肥満傾向にある方の多くに、「宿便」が見られます。宿便とは、食物や腸内細菌の死骸、未消化のたんぱく質などから形成された老廃物が、長期間に渡って腸の中に滞留している状態のことを指します。

食べ物を長期間放置しておくと、当然腐っていきます。実は宿便もこれと同じで、腸の中に長時間滞留している間に腸内の悪玉菌により腐敗が始まります。するとそこから活性酸素など身体に有害となるものが発生し、それが腸管壁から吸収されて血液の中に入り込んで全身に送られてしまいます。また、ガスを発生させお腹を冷やしてしまうことで、お腹周りに脂肪がつきやすくなってしまいます。そのため、ダイエットの第一歩は、この宿便を取り除くことから始めます。

便秘がちであったりと、宿便が肥満の原因の一因になっていると考えられる場合に用いるのが「ヨーグルン」です。

ヨーグルンの主成分はラクトース（乳糖）で、これは母乳や牛乳に含まれる成分です。ラクトースは腸内の善玉菌の一つである乳酸菌の栄養素となります。腸内に乳酸菌が増えると腸の働きが活発になって便通がよくなり、さらにカルシウムやマグネシウムの吸収力がアップすると言われています。「ヨーグルン」で腸の大掃除と共にデトックスを行い、腸内の不要物を排泄すると、その後のダイエットが効果的に進みます。

宿便がもたらす悪影響

- □ ガスを発生させ、お腹を冷やす
- □ 血流を悪くする
- □ 冷えや血流の悪化でお腹まわりに脂肪がつきやすくなる
- □ 肌トラブルの原因に

宿便を排出する効果

- □ 腸内環境の改善
- □ 便秘の改善
- □ 腸内の善玉菌を増やす

こんな人は宿便がたまりやすい！

- □ 便秘がちな人
- □ 偏食などで腸内環境の悪い人
- □ 低血圧、冷え性気味の人
- □ 運動不足の人

「ヨーグルン」のはたらき

ラクトースが直接腸に届く

↓

乳酸やビフィズス菌といった善玉菌が増殖

↓

悪玉菌が減る

↓

腸内環境が整う

活性酸素をデトックス！「クルクミンSOD」

人間が生きていくために欠かせないものの一つに酸素があります。最近、さまざまな病気の発生に因果関係があるといわれる活性酸素も、その名が示すとおり、酸素の一種です。そして細菌やウィルスから私達の身体を守る役割を果たしているのです。

ではなぜ、活性酸素が問題にされるのでしょうか？　実は適性な数の範囲内であれば、私達の身体を守る役割をしてくれる活性酸素ですが、その数が増え過ぎると、今度は逆に、体内の細胞をサビつかせてしまうのです。そのためにさまざまな病気やアレルギー疾患の発症の遠因になるといわれています。

実は人間には、過剰になった活性酸素を除去するための、SODと呼ばれる酵素がありますが、加齢やストレスなどが原因で、このSODの機能が弱まってしまうと、体内に過剰に活性酸素が発生してしまい、痩せやすい体質を目指す上で必要な解毒力もサビついてしまうわけです。

そこで抗酸化物質を積極的に取り入れ、抗酸化作用を高める必要が出てきます。

「クルクミンSOD」は、ビタミンCの100倍、ビタミンEの20倍もの強力な抗酸化作用があるといわれるウコンから抽出したクルクミンが配合されているほか、クルクミンの吸収を高めるために大豆レシチン、ピペリンが配合されているため、減量による体力低下を補う効果も期待できます。実際にこれを飲むと元気が出ると長く飲み続ける多くのファンを持つ食品の一つです。

こんな人は活性酸素の過剰発生に注意！

- □ 外食や加工食品を食べる機会が多い
- □ 飲酒、喫煙習慣がある
- □ 日常的に激しい運動をしている
- □ 細菌やウィルスに感染した時
- □ 強いストレスを受けたときやストレスフルな状況が続いている時
- □ 大量の紫外線を浴びた時
- □ 大気汚染にさらされた時

活性酸素との因果関係が疑われている病気

- □ 心筋梗塞・動脈硬化
- □ 脳梗塞・脳出血
- □ 胃潰瘍
- □ 肺炎
- □ 糖尿病などの生活習慣病
- □ 皮膚のしわ

「クルクミン SOD」

最高級秋ウコンとインドから直輸入された純度 99.9%のクルクミンパウダーが使用されています。

また、クルクミンは、抗酸化作用だけではなく、胆汁酸の分泌を増進させ、脂肪の分解をスムーズにする作用があるといわれています。

悪玉コレステロールをデトックス！「ググルファットスルー」

肥満には、さまざまな原因がありますが、実は悪玉コレステロールが、肥満の一因になっていることはあまり知られていません。

コレステロールとは、動物性脂肪の一種で、ホルモンなどを作る上で、人間の身体にとって欠かすことのできない成分の一つです。

コレステロールには、体の中の余分なコレステロールを動脈などの組織から肝臓に戻す働きをするHDLコレステロール（善玉コレステロール）と、コレステロールを腸や肝臓から動脈などの組織に運ぶ役目をするLDLコレステロール（悪玉コレステロール）の2種類があります。健康体であれば、血管内に残った余分な悪玉コレステロールは、善玉コレステロールが吸いつけて血管内を流してくれますが、悪玉コレステロールの数が増えすぎると血管内に付着して動脈硬化や脳梗塞といった深刻な病気を引き起こす原因となるほか、血流が悪くなることで肥満の遠因ともなってしまうわけです。

国民栄養調査によると、男性は30代から、女性は50代から、ほぼ二人に一人が脂質異常症の状態だといわれています。日本動脈硬化学会が二〇〇七年に定めた脂質異常症の診断基準によると、男女を問わずLDLコレステロール値が140㎎／dl以上、HDLコレステロール値が40㎎／dl未満、中性脂肪が150㎎／dl以上の場合、脂質異常症と診断されます。

悪玉コレステロールをデトックスすれば、食養などで取り込んだ栄養素が体の隅々まで行き渡り、太りづらい体質に改善していくことが期待できます。

「ググルファットスルー」は、血中悪玉コレステロールの排泄を促進するググルエキスを配合し、悪玉コレステロールのデトックスをサポートするヘルスフードで、コエンザイムQ10やカプサイシンが配合されており、代謝を高め、脂肪燃焼を促進します。

こんなタイプの人は脂質異常症に要注意！

- □ 肉類や油ものをよく食べる
- □ 卵料理、乳製品をよく食べる
- □ 喫煙習慣がある
- □ 慢性的に運動不足
- □ 肥満気味
- □ 家族の中にコレステロール値が高い人がいる
- □ 日常的にストレスが多い

コレステロールを減らすには？

- □ カロリーは抑えめ 1 日 30 品目の摂取をめざす
- □ 運動を習慣にする・食物繊維を多く摂る
- □ 症状が深刻な場合は医師の指導を早めに仰ぐ

「ググルファットスルー」

悪玉コレステロールのデトックスを促進するといわれる成分ググルエキスを配合。血流を改善することで脂肪燃焼効果を促進します。

また、近年さまざまな効果が実証されているコエンザイムQ10を配合。代謝をあげて、脂肪燃焼を効率よくサポートしてくれます。

その他の食養について

■筋肉量不足で基礎代謝が低い人に！

ダイエットミール

ダイエット中は、カロリーは抑制しても、筋肉を維持するために必要なたんぱく質は積極的に摂取する必要があります。

「ダイエットミール」は、アミノ酸スコア100の高品質な大豆タンパクを使用したダイエット飲料。エネルギーを有効利用するために必要なL-カルニチンに加え、26種のビタミン、ミネラルを配合しています。お腹もちもよく、一食138キロカロリーです。「食べてなくても痩せない」と言われる方に効果的な飲料です。

■野菜不足・便秘気味の人に！

グリーンジュース

便通を改善し、腸内環境をきれいに保つためには、食物繊維の摂取が欠かせません。しかしついつい外食や、便利なコンビニ食に頼りがちな現代、どうしても野菜類が不足しがちです。

「グリーンジュース」は、国産の大麦若葉の柔らかな葉肉部分を独自の加工方法で粉末に仕上げていますので、大麦若葉の持つビタミン・ミネラル・食物繊維をそのまま残しています。飲みやすいよう焙煎した発芽玄米をブレンドして香ばしく仕上げています。普段の食生活で不足しがちな緑黄色野菜を効率よく補給するフレッシュなジュースです。

■外食が多い、油っこいものが好きな人に!

ウルトラファット1／2

腸内で胆汁酸やコレステロールなどと結びついて、便と一緒にそのまま体外に排出するサポートをしてくれるキトサン、小腸から糖分の吸収を抑制してくれる効果があるといわれるギムネマシルベスタ、脂肪の代謝促進をサポートする効果があるといわれるガルシニアカンボジアの、ダイエットのための3大成分を主原料にしており、糖質、脂質をしっかりとブロックしてくれる食養です。

■停滞期で体重の減少が止まってしまったときに！

KOSOα

人間の体内には、数千種類にも及ぶ酵素があるといわれていますが、一つの酵素は一つの役割しかはたすことができないため、バランスよく、より多くの種類の酵素を身体に取り込む必要があります。

KOSOαは、約60種類の野菜や果物を時間をかけて、じっくり発酵させ作られたドリンクです。酸素の力で脂肪燃焼や身体の各機能の新陳代謝を活性化します。また、美肌成分として、プラセンタやコラーゲン、ヒアルロン酸を配合しているため、美肌作りのサポートもしてくれます。

■コレステロール値が高めの方に！

ノニ寒天

ノンカロリーで、食物繊維豊富な寒天はダイエットに有効な食品として知られていますが、その寒天をベースに、必須アミノ酸、中鎖脂肪酸、ポリフェノールなど現代人に必要な成分を多く含み、奇跡のフルーツといわれるノニの原液を配合、白糖に比べ空腹感を抑える効果の高い黒糖を使用し、上品な味に仕上げました。ちょっと食べ過ぎてしまったなという時には、一食をノニ寒天に置き換えることで、食物繊維を豊富に取りながら、カロリーを抑制することができるほか、食事の前に食べることで、食事量のコントロールもしやすくなります。

また、減量中のおやつにも最適です。

■基礎代謝が低く、冷え性の方に！

クエン酸EFA

沖縄特産の「泡盛」のもろみからできる天然の醸造酢であるもろみ酢と、人の体内で作り出すことのできないn-3系の必須脂肪酸であるα-リノレン酸を含むアマニ油を主成分に、ポリフェノールを多く含んだ発酵黒にんにくを配合しています。基礎代謝が低く、冷え性で食べなくても痩せにくいという方にオススメです。

■むくみやすい方に！

スリムフロー

むくみ・冷えの主たる原因は水分の過剰摂取と排出不良、そして血液・リンパ液の循環不良だといわれています。スリムフローは冷え対策に効果的といわれるコーンシルク、シシウドエキス、シトルリン、松樹皮エキスを配合しています。冷え性やむくみやすい人、下半身太りの人に使用します。

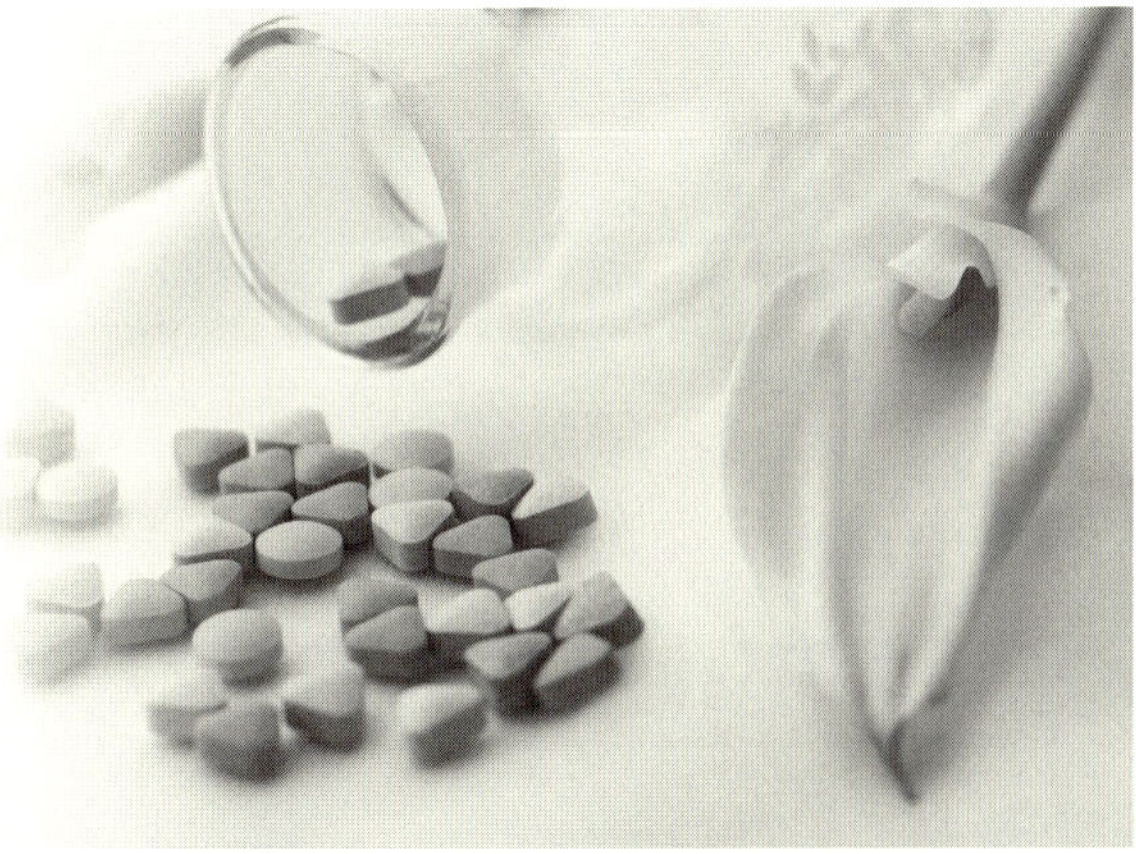

食養は、身体の内側からダイエットを強力にサポートしてくれる心強い味方。

タイプ別

「あなたに必要な食養は？」

デトックスが必要な方

● ヨーグルン

● クルクミンＳＯＤ

● ググルファットスルー

● ノニ寒天

基礎代謝が低く痩せづらい体質の方

● ダイエットミール

● クエン酸ＥＦＡ

外食がちな方

● グリーンジュース

● ウルトラファット 1/2

むくみやすい方

● スリムフロー

心の美容――良きダイエットプロフェッショナルは良きパートナー

私達は、良きダイエットプロフェッショナルとは、お客様の良き美容のパートナーであると考えています。私達のサロンへいらっしゃるお客様は、いろいろやったけれど痩せられない、一度は痩せたけれどその後、以前以上に体重が増えた、痩せたい部分が痩せられないといった経験から、自分一人では痩せられないと思った方たちです。そのような方たちがサロンを訪れ、カウンセリングを通じてお客様に合った痩身コースが作られます。その後は、ダイエットプロフェッショナルの腕の見せ所です。

サロンでは、お客様はありのままの姿をダイエットプロフェッショナルに委ねることになります。でも、信頼していない相手に、自分の身を委ねることなどできるでしょうか。

ミス・パリ、ダンディハウスではこれまで技術者の質にこだわってきました。心と体が健康であること、人のことに親身になれる人間性、コミュニケーション能力、協調性があることなどをベースに毎年新卒採用をしています。入社後、1年間の新人研修、2年目以降も多くの勉強を積み、様々な資格取得にチャレンジしているのがミス・パリ、ダンディハウスの技術者です。自分自身を成長させながら、どうにかお客様のお役に立ちたい、喜んでいただきたいと考えられる人たちが働いています。ダイエットで特に彼らが大切にしていることは、お客様を知ることです。その為に、ダイエットプロフェッショナルはお客様に触れ、問いかけ、何気ない日常の話をすることもあるでしょう。そんな触れ合いの中でお客様を知り、戦略的なコースの進め方を組み立て、ご指導し、励まし、一緒に落ち込んだり、喜んだりしながら、目標を達成しようとしています。そばに専門家が付いていてくれる安心感や信頼感から、自分一人ではできなかった苦しいダイエットを成功させることができるのです。

「ダイエットは苦しかったけれど、信頼できるダイエットプロフェッショナルとの出会いで、心はなんだか幸せ感で満たされたよう」とおっしゃったお客様がいらっしゃいました。これは、ミス・パリ、ダンディハウスの多くのお客様が感じ、経験することです。そんなこともあってか、減量目標を達成されたお客様が特別会員となり、十年も二十年も通われておられる方が現在１０００名近くもいらっしゃいます。きっと、サロンにはやさしい愛の風が吹いているのでしょう。

「どうして500グラム痩せたのか」の仕組みを知ることが大切

私達のゴールは、お客様が減量目標を達成して、サロンを卒業されることではありません。サロンを卒業された後も、プロポーションを維持し続けられることを最終目標としてお客様と接しています。

そしてそのためには、お客様自身が、自分が太ってしまう原因を知り、どうすれば痩せることができるかを十分理解する必要があります。ダイエットプロフェッショナルは積極的にそのことを気づかせようとしています。

サロンに来店すると、まず最初に体重を計ります。その後、ダイエットプロフェッショナルは何故この体重になったのかの理由を会話の中から導き出そうとしています。普段、お客様は、トリプルバーン痩身法には週2回通われますので、来店と来店の間の2～3日の状態を聞き出します。便通、尿の出方、食事の内容、運動、仕事や変わった行事があったかなどをお聞きします。そうしているうちに、ああ、だから500グラム痩せたんだということが分かってきます。ダイエットプロフェッショナルはお客様と話しながら、そのことをお客様の意識の中に入れようとしています。「このお食事の仕方ですとお客様は５００グラム体重が落ちるのですね」と何気なく言いながら、お客様が「なるほど、あの食べ方で５００グラム落とせるんだな」「じゃあ、少し歩くともっと痩せるかも」と学習していくのです。週に2回の来店や、食事生活ノートの提出など、負担に感じることがあるかもしれません。しかし「ミス・パリ」「ダンディハウス」で行っているプログラムの一つひとつには、すべてやるべき理由があるのです。お客様との会話を通じて、その理由をご理解いただくことは、一回で確実にダイエットを成功させるために、最も大切な私達のプロセスなのです。

6章　数字が語る　体験者が語る　ダイエットプロフェッショナルが語る

――トリプルバーン痩身法の効果

トリプルバーン痩身法　体験者の実例

CASE 1　斉藤佳織さん

〈体重〉

62.1kg ➡ 53.1kg

−9.0kg

斉藤佳織さん　比較効果写真

〈正面〉　〈横〉　〈背面〉

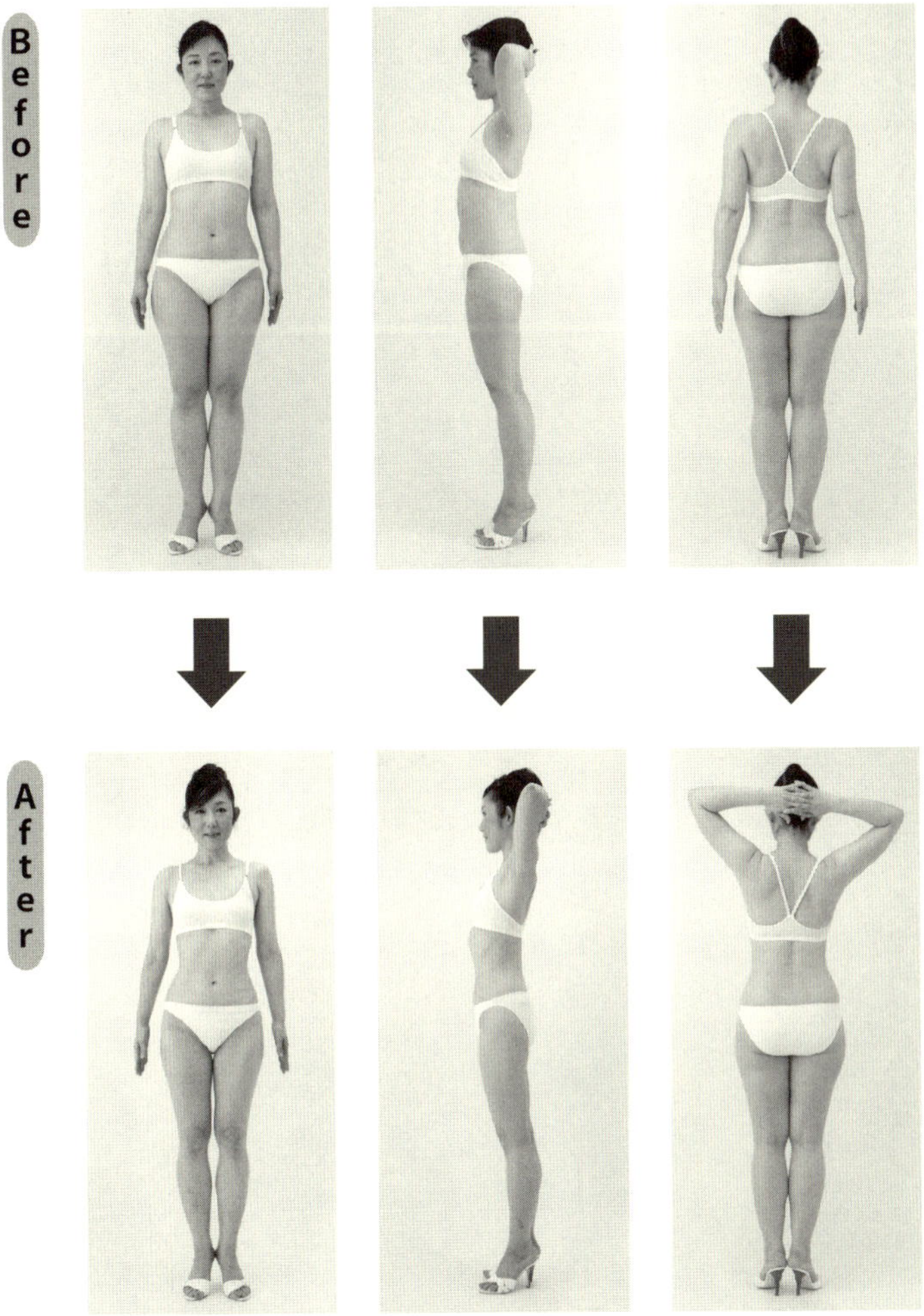

お客様の声　斉藤佳織さん

スタッフのみなさんの励ましでダイエットに成功しました

実は通い始めたばかりの私は本当に痩せるのかな？　と半信半疑でした。そんなに食べているつもりもなく、週に2回もフラメンコのレッスンに通っているのに全然痩せない私が、ほんの3、4ヶ月くらいで10キロ近く痩せるとはどうしても思えなかったのです。

とはいえ踊っていても体が重く、駅の階段を上っただけで息切れするような体をなんとかしたい！　という一心で通わせていただくことになりました。

初めの頃はなかなか体重が落ちず、やっぱり無理なのでは、と思ったこともありましたが、スタッフの皆さん一人ひとりが少しの変化にも喜んでくれるのが私にとっても励みになり、頑張ろう！　という気持ちにさせてくれました。

野菜が嫌いな私のために食べやすいレシピを作ってくださったり、食べたメニューにダメだしをされたり。本来ダイエットというものは苦しくて辛いものだと思いますが、皆さんのおかげでとても楽しんでできたと思います。そして気がついたらマイナス9キロになっていました。

以前は衣装がきつくて大変だったフラメンコの発表会が、今年は好きな色の衣装を着ることができました。

約1年経ってもリバウンドしていないのは、私の体だけでなく意識を変えていただいたおかげだと思っております。食べ過ぎた次の日は控える。お肉を食べる時は野菜をたくさん食べる。こんな当たり前の事ができなかった私が、今では今日はおやつを食べたから一駅歩いて帰ろう！　と思うようになるなんて、友人達も驚いています。

痩せたいと思っている人は世の中にたくさんいると思いますが、大部分の人はそのうち…

…と日々を過ごし、本気で痩せたいと思っている方がサロンに来られているのだと思います。

私もそうでしたが、そのような方達にとって、スタッフの皆さんの一声や笑顔は本当に励みになります。これからもたくさんの方を私のように健康に、元気にしてあげてください。

斉藤佳織さん　体重・体脂肪率の推移

このグラフは、斉藤さんの 4 カ月間の体重と体脂肪率の変化をグラフにしたものです。体脂肪を落とすことで減量していることがわかります。

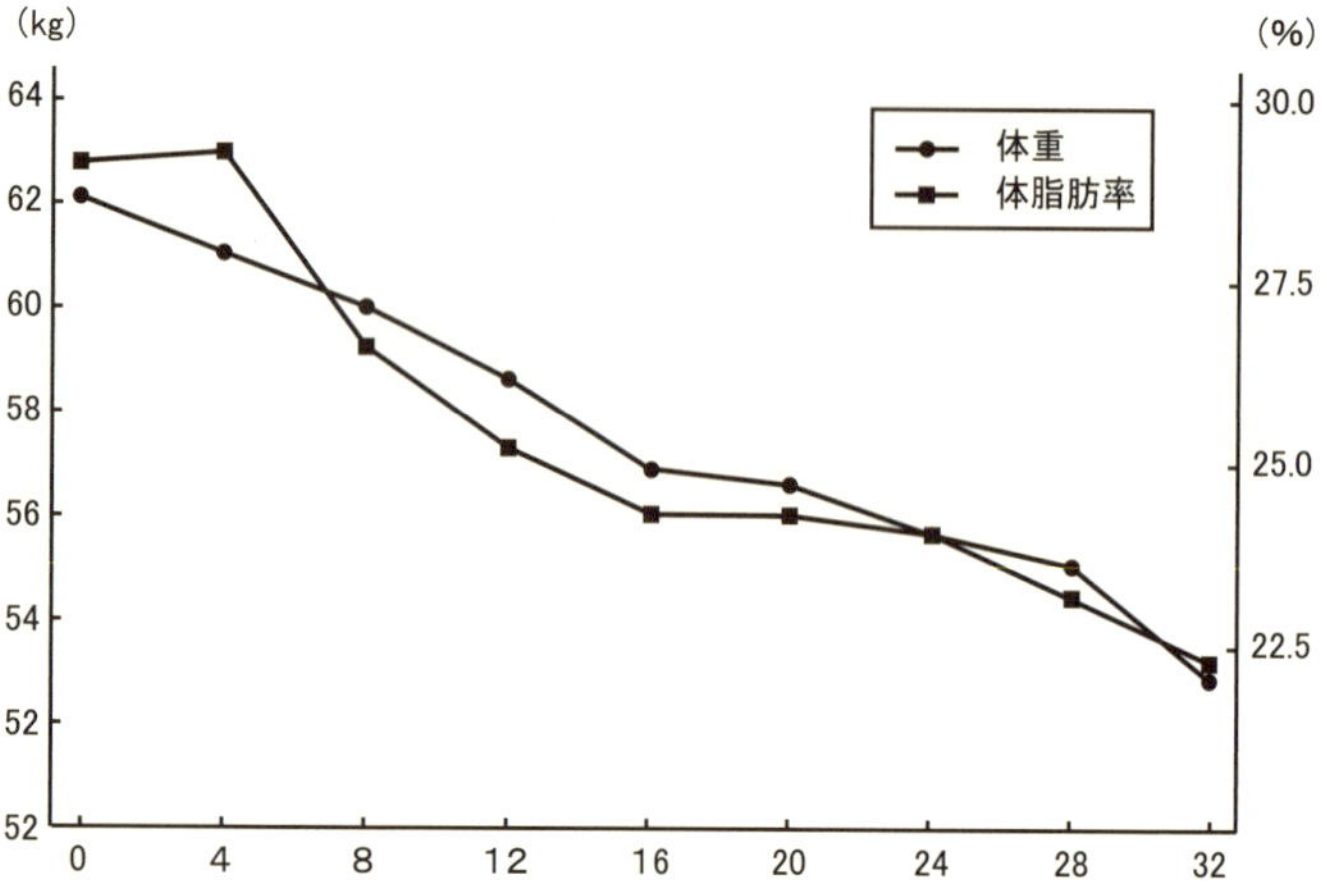

経過日数：4 ヶ月　技術回数：31 回

斉藤佳織さん　部位別　数値の推移

体重、体脂肪率、そして身体の各部位のサイズ変化のデータです。
ヒップ、太ももなど、痩せたい部分から痩せていくことがわかります。

体重

62.1kg → 53.1kg　　**−9.0kg**

体脂肪率

29.1% → 22.3%　　**−6.8%**

バスト

87.0cm → 79.5cm　**−7.5cm**

ウエスト

71.5cm → 67.1cm　**−4.4cm**

ヒップ

100.5cm → 91.0cm　**−9.5cm**

右腕

28.8cm → 26.4cm　**−2.4cm**

右太もも

58.0cm → 52.5cm　**−5.5cm**

右ふくらはぎ

40.0cm → 37.0cm　**−3.0cm**

CASE 2　西山高広さん

Before

After

〈体重〉

87.9kg → 67.3kg

−20. 6kg

西山高広さん　比較効果写真

〈正面〉　〈横〉　〈背面〉

Before

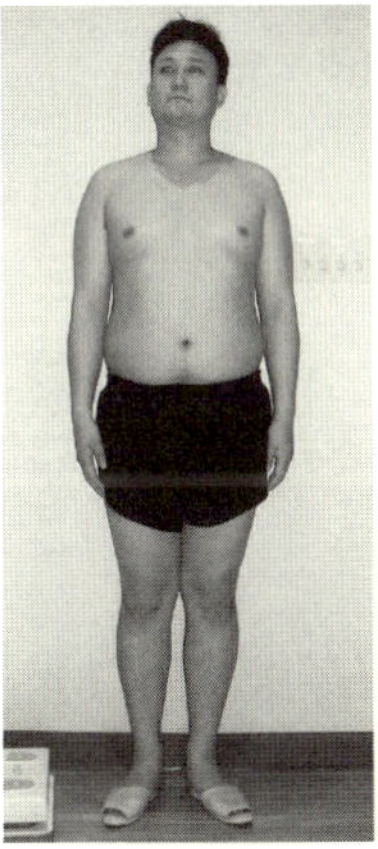

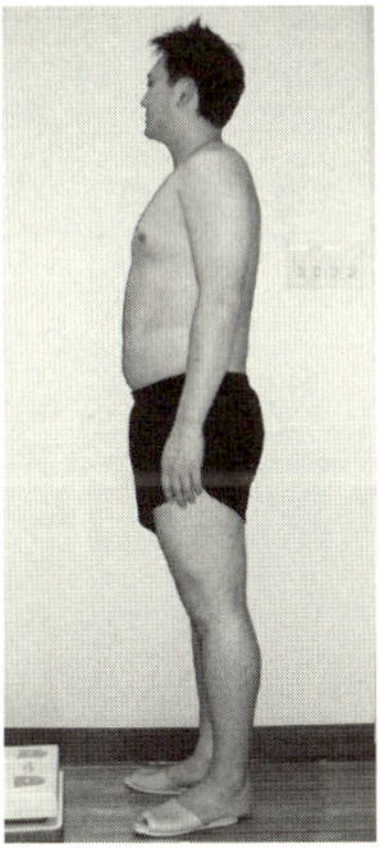

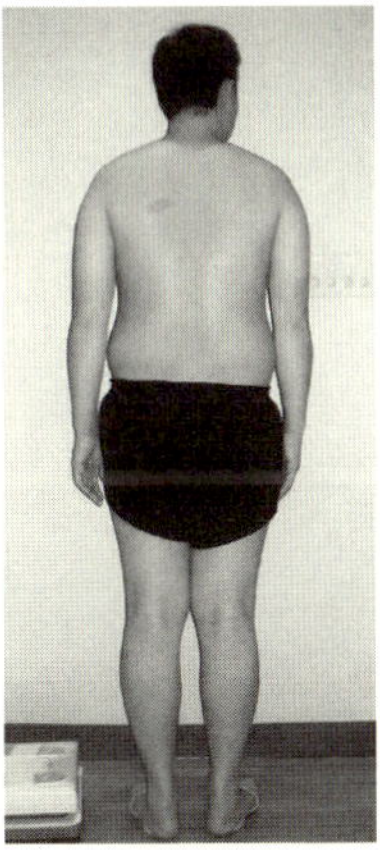

After

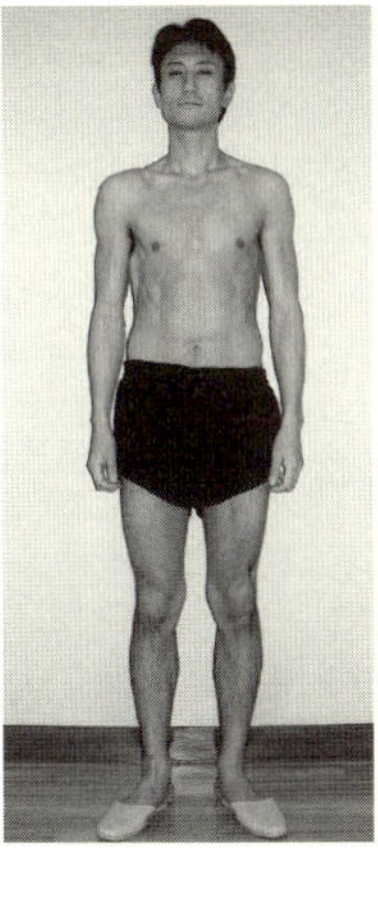

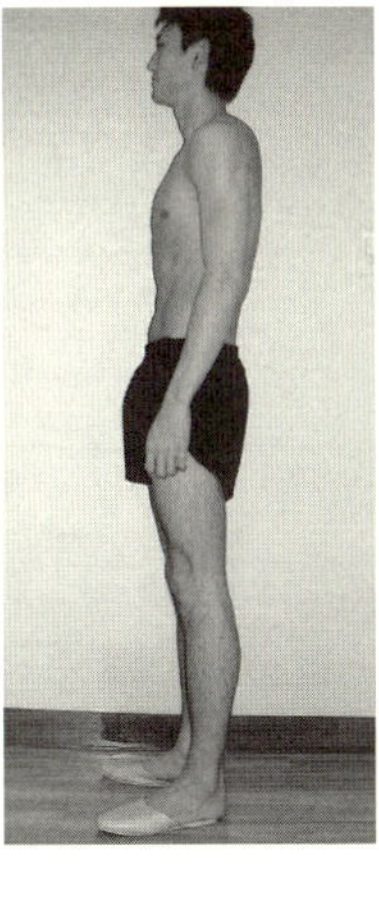

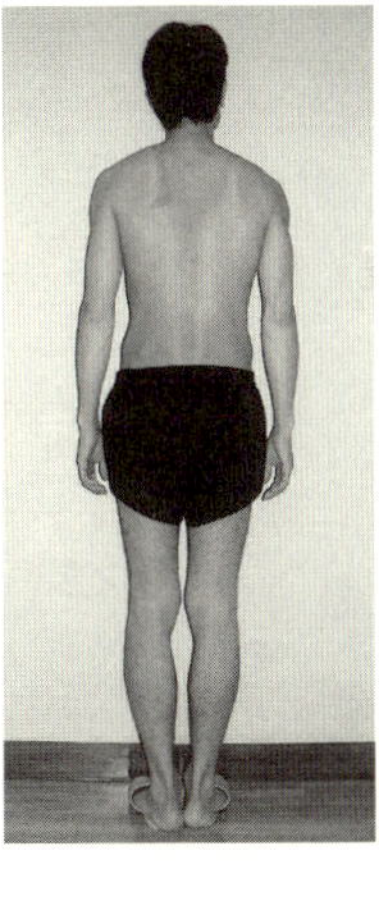

お客様の声　西山高広さん

ダイエットに成功し仕事にも自信がつきました

私自身、以前から痩せたい！　という気持ちはずっと持ち続けていました。でも現実には、自分にはダイエットなんてできないだろうという諦めにも似た気持ちも心のどこかにあり、なかなかダイエットに取り組む決心ができずにいました。

そんな時期に、まるで運命のように出会ったのがダンディハウスでした。ダンディハウスとの出会いが、私を痩せたいという熱い気持ちにさせてくれ、ついに本格的にダイエットに取り組む決心をしたんです。

いざ、サロンに通うことを決めてからは、週2回の来店ペースを守り、定期的な測定でしっかり管理してもらいました。さらにダンディハウスで提唱されている「痩せるための10カ条」もしっかり守るように努力を重ねました。

するとどうでしょう。みるみる体重が落ちていったのです。そうなると今度はダイエットが楽しくなります。そして結果として、楽しくダイエットに取り組めたことが、大幅に減量できた理由だと思っています。

ダンディハウスに通い始めた当初、私の体重は90キロ近くもありました。その頃は自分のお腹で下が見えない状態で、靴下ひとつ履くのも大変で、苦労していました。そんな私が、結果としてわずか半年で60キロ台まで体重を落とせた事は本当に嬉しいことでした。

さらに嬉しいことに、トリプルバーン痩身法の中では、ダイエットを実践しながらも引き締めのための施術をしていただけるので、たるみもなくきれいにやせられたことも嬉しかったですね。

私が太っていたころを知らない人には「本当に太っていたの?」と驚かれますし、逆に太っていた頃を知っている人には、自分だと気づかれない事もありました(笑)。

ダンディハウスに通ってダイエットに成功し、とにかく自信がつきましたね。私もやればできる!　という気持ちが、ダイエットに関してだけではなく、仕事に関してもそう思えるようになりました。ダンディハウスに通って本当に良かったと思っています。

西山高広さん　体重・体脂肪率の推移

このグラフは、 西山さんの 9 カ月間の体重と体脂肪率の変化をグラフにしたものです。目立った停滞期もなく、順調に減量していることがわかります。

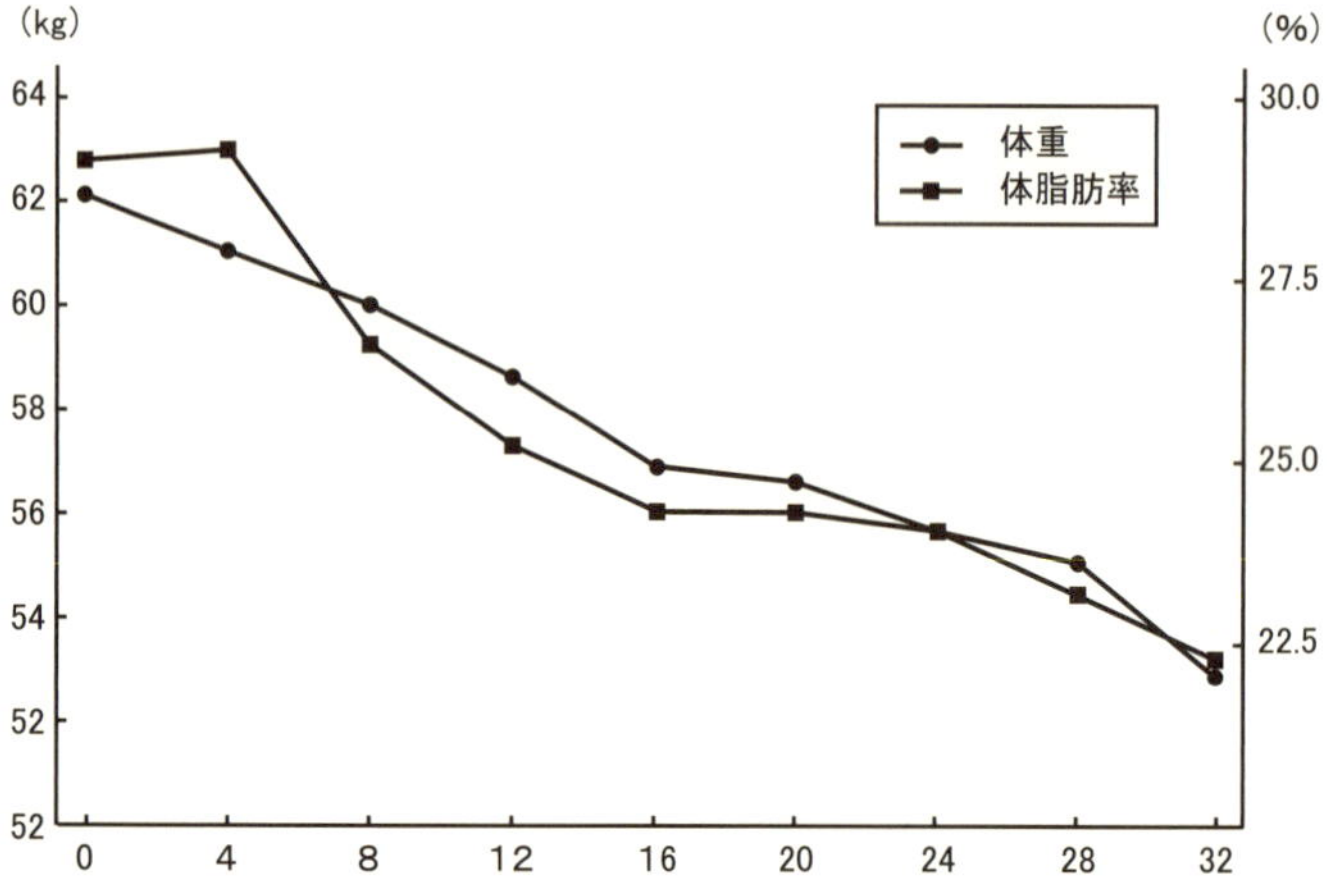

経過日数：9ヶ月　技術回数：58 回

西山高広さん　部位別　数値の推移

体重、体脂肪率、そして身体の各部位のサイズ変化のデータです。
気になるウエスト周りが確実に細くなっていることがわかります。

体重

87.9kg → 67.3kg　**−20.6kg**

体脂肪率

25.1% → 10.2%　**−14.9%**

BMI

27.1 → 20.8 **−6.3**

胸囲

111.5cm → 92.5cm **−19.0cm**

ウエスト

91.5cm → 74.5cm **−17.0cm**

ヒップ

110.5cm → 92.0cm **−18.5cm**

右腕

38.0cm → 30.0cm **−8.0cm**

右太もも

64.3cm → 49.0cm **−15.3cm**

右ふくらはぎ

42.7cm → 39.0cm **−3.7cm**

CASE 3 比較効果写真（22歳・女性）

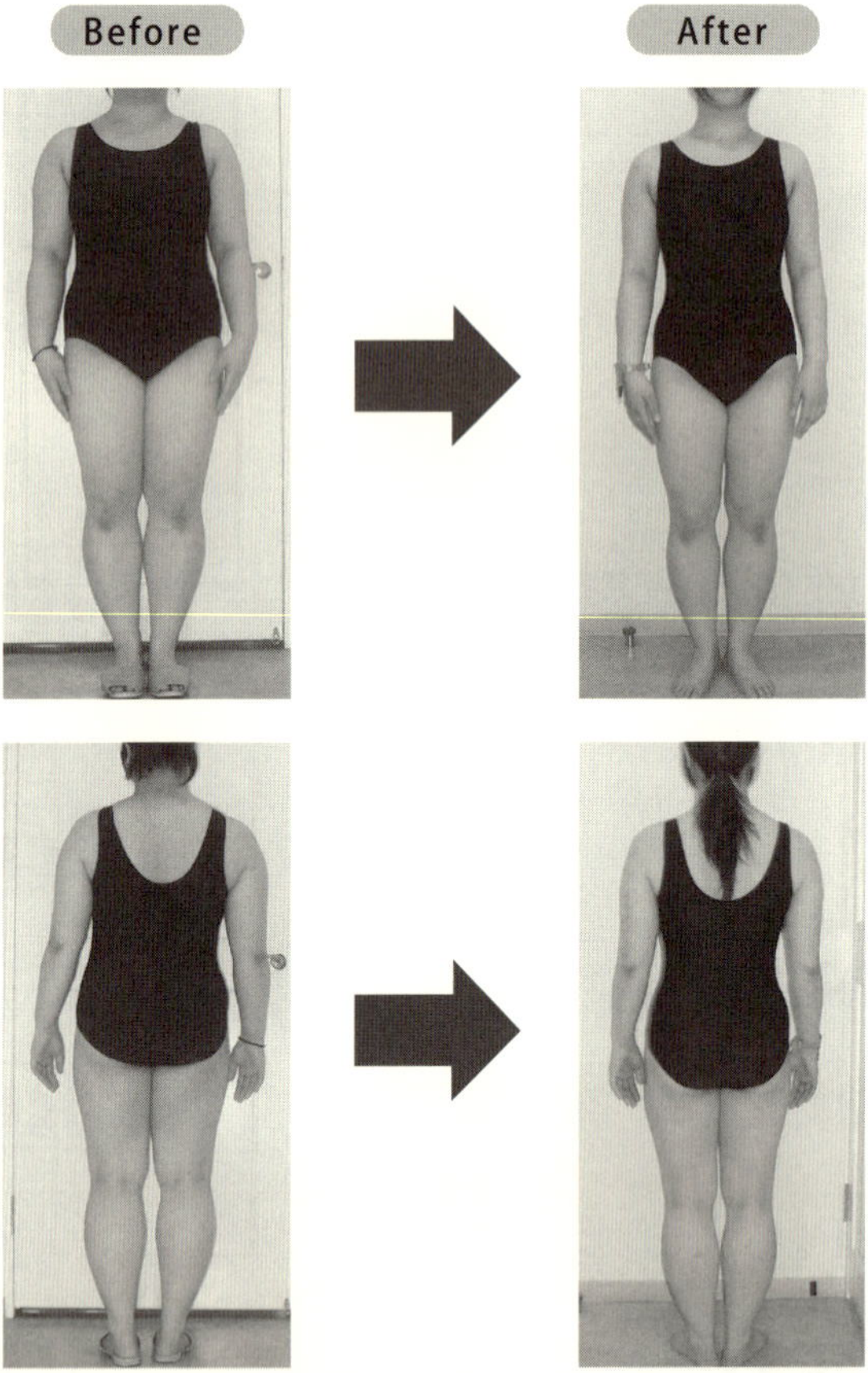

体重

78.2kg → 61.2kg **−17.0kg**

体脂肪率

43.5% → 30.5% **−13.0%**

CASE 4 比較効果写真（24歳・女性）

Before　　　After

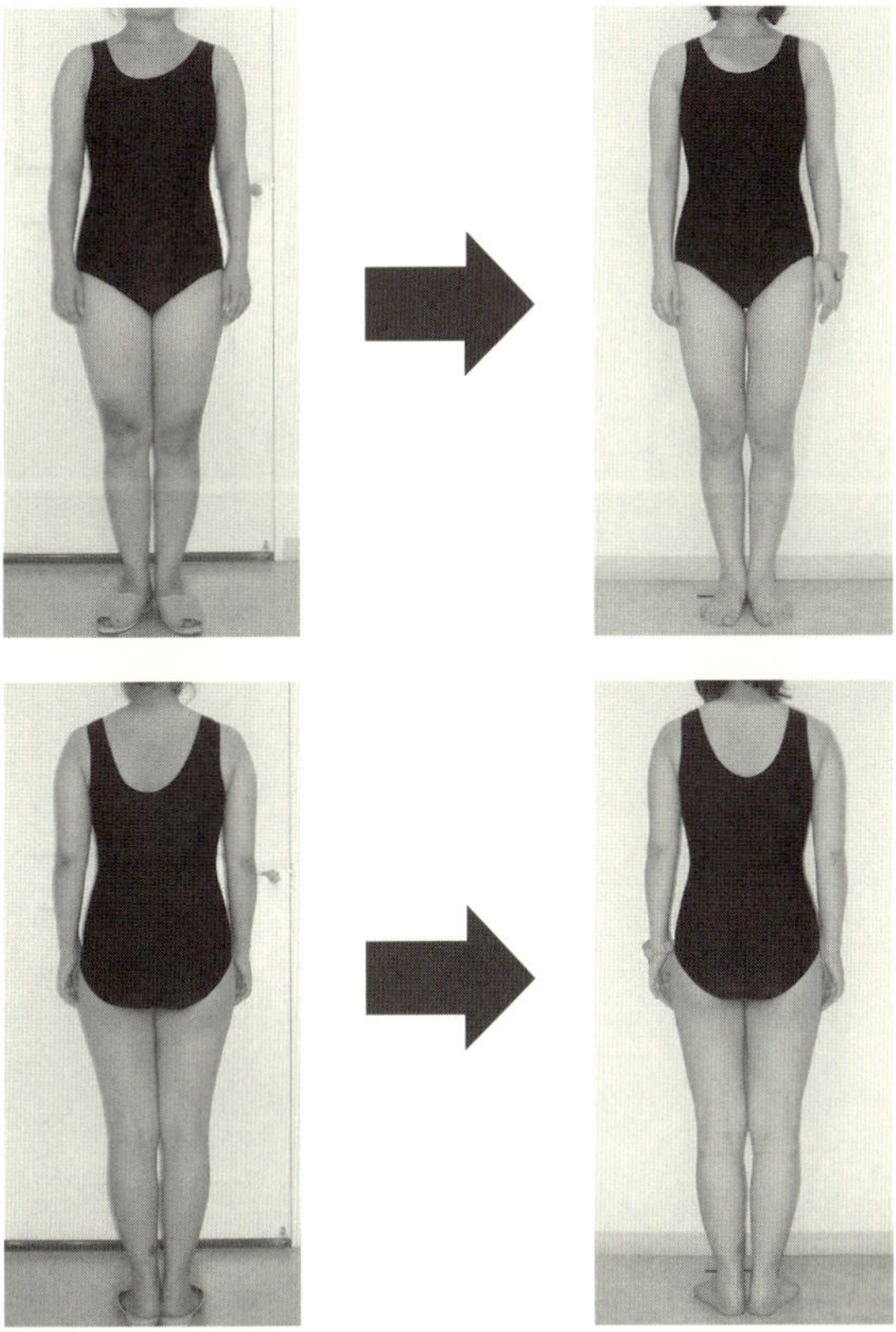

体重

58.0kg → 50.5kg　　**−7.5kg**

体脂肪率

35.7% → 26.7%　　**−9.0%**

CASE 5 比較効果写真（25歳・女性）

Before　　After

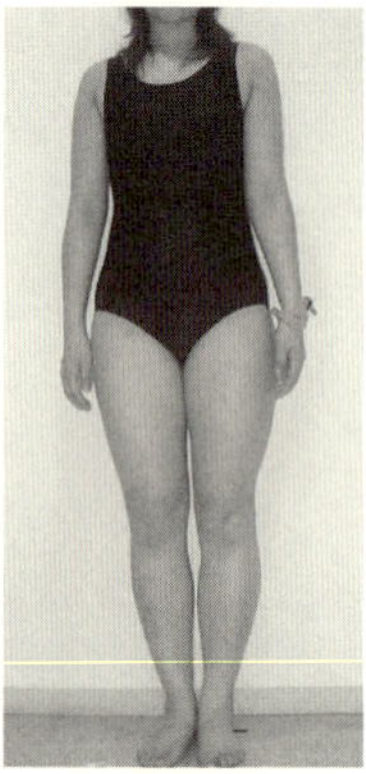

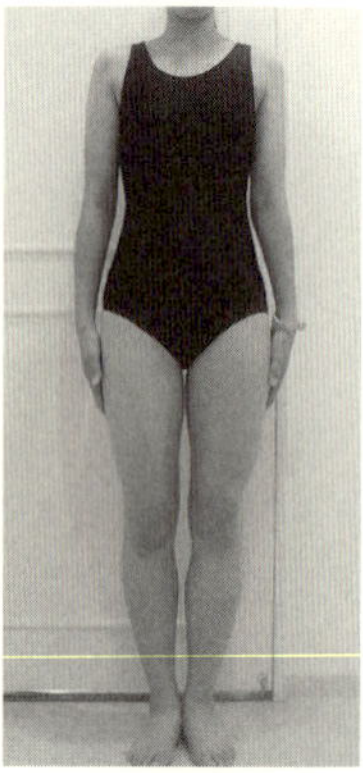

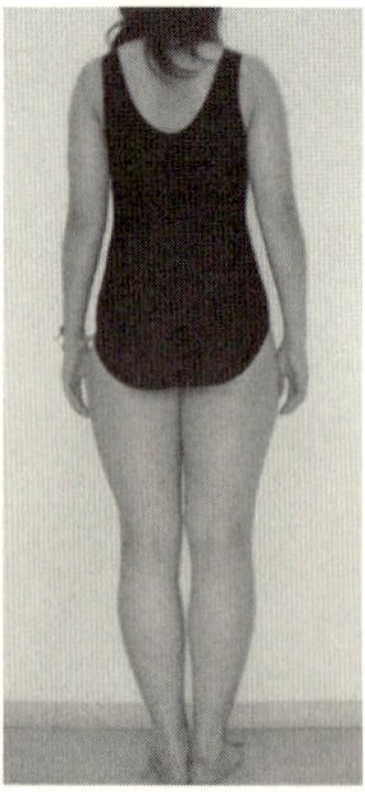

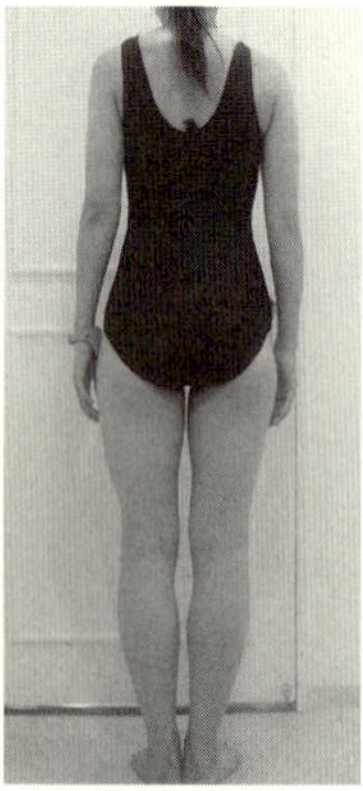

体重

73.4kg → 62.4kg　　**－11.0kg**

体脂肪率

36.3% → 26.3%　　**－10.0%**

CASE 6 比較効果写真（39歳・男性）

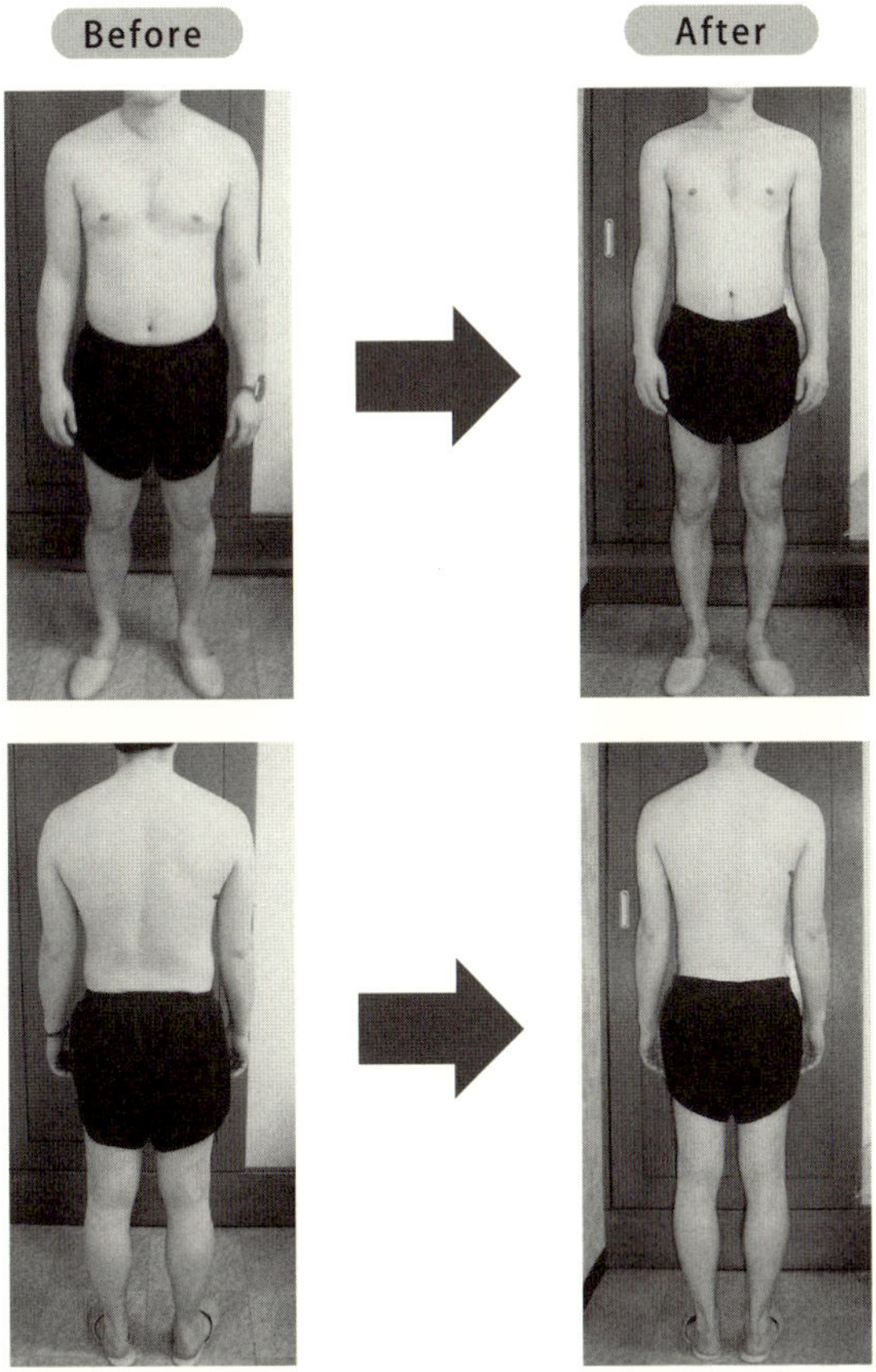

体重

73.0kg → 61.6kg　**−11.4kg**

体脂肪率

23.9% → 15.1%　**−8.8%**

CASE 7 比較効果写真（50歳・男性）

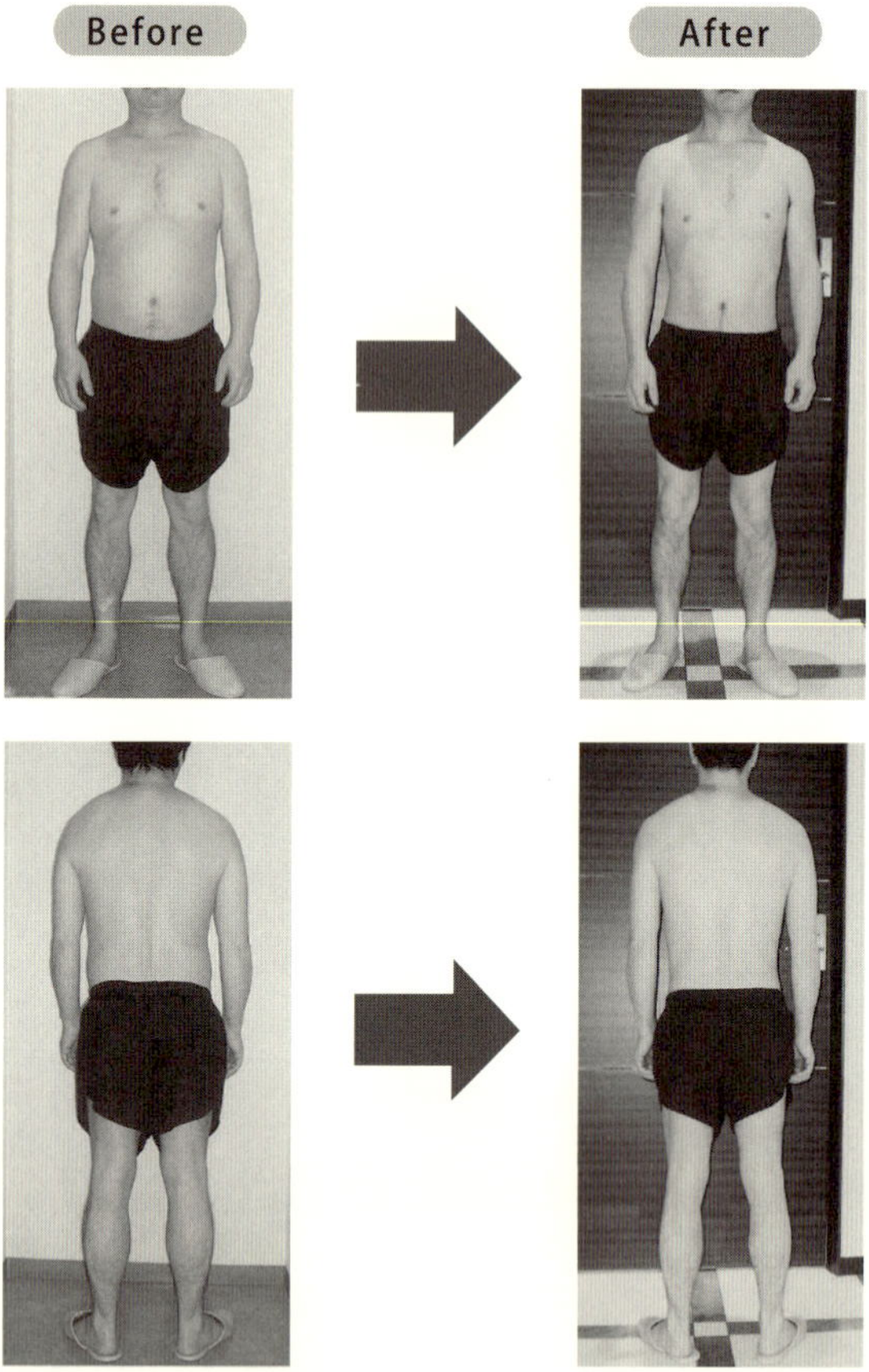

体重

70.9kg → 56.2kg　**−14.7kg**

体脂肪率

24.9% → 15.1%　**−9.8%**

CASE 8 比較効果写真（32歳・男性）

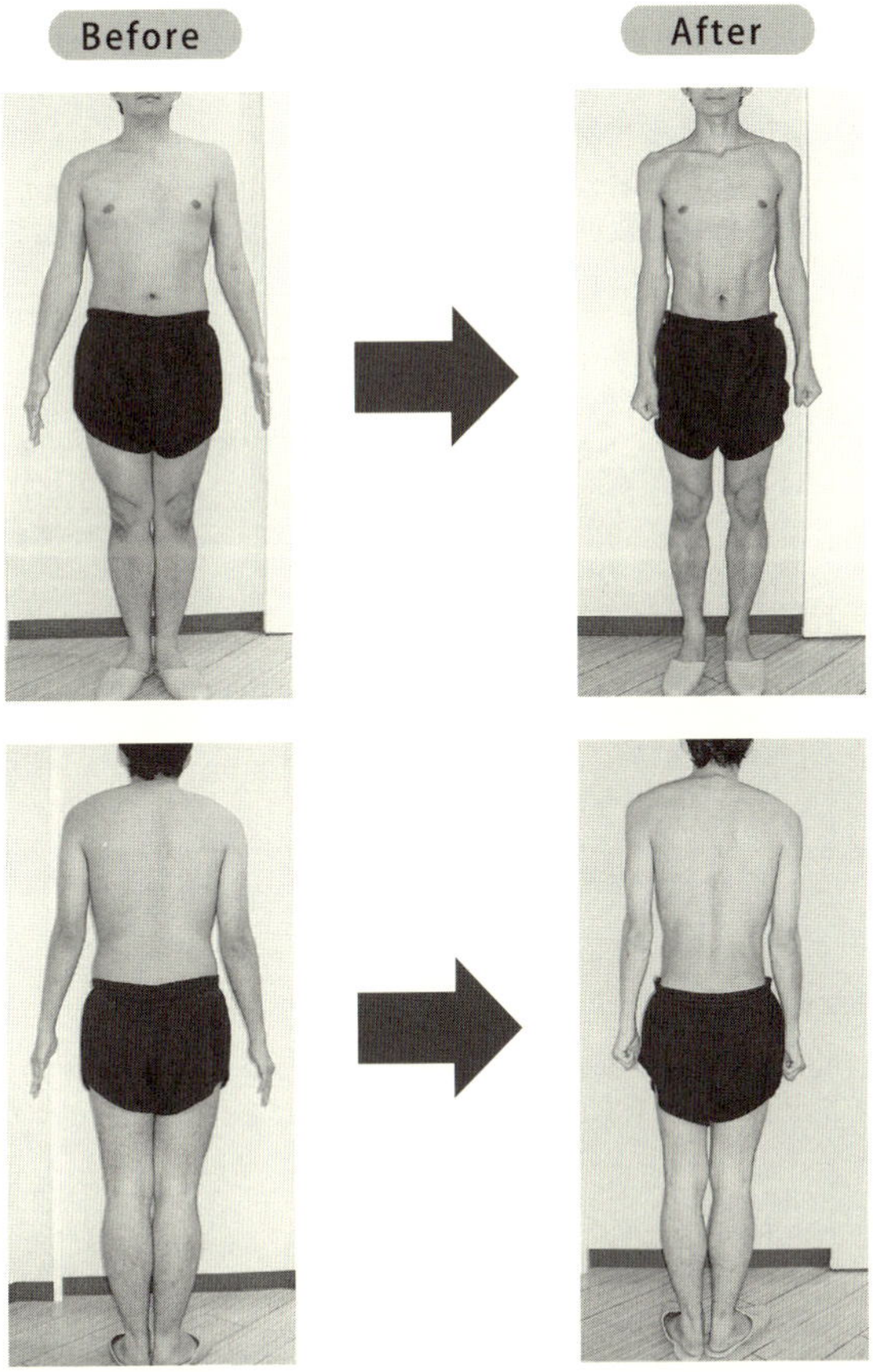

体重

65.7kg → 55.2kg　　**−10.5kg**

体脂肪率

30.1% → 16.4%　　**−13.7%**

トリプルバーン痩身法５４０名 データ解析

【国士舘大学大学院スポーツ・システム研究科調べ】

トリプルバーン痩身法を体験した会員540名の相対変化の平均値グラフ

体重・体脂肪率・基礎代謝量 相対変化

グラフで見ると、体脂肪率の減少率がより、顕著なことがわかります。これこそまさにトリプルバーン痩身法が理想のダイエット方法であることの証明なのです。

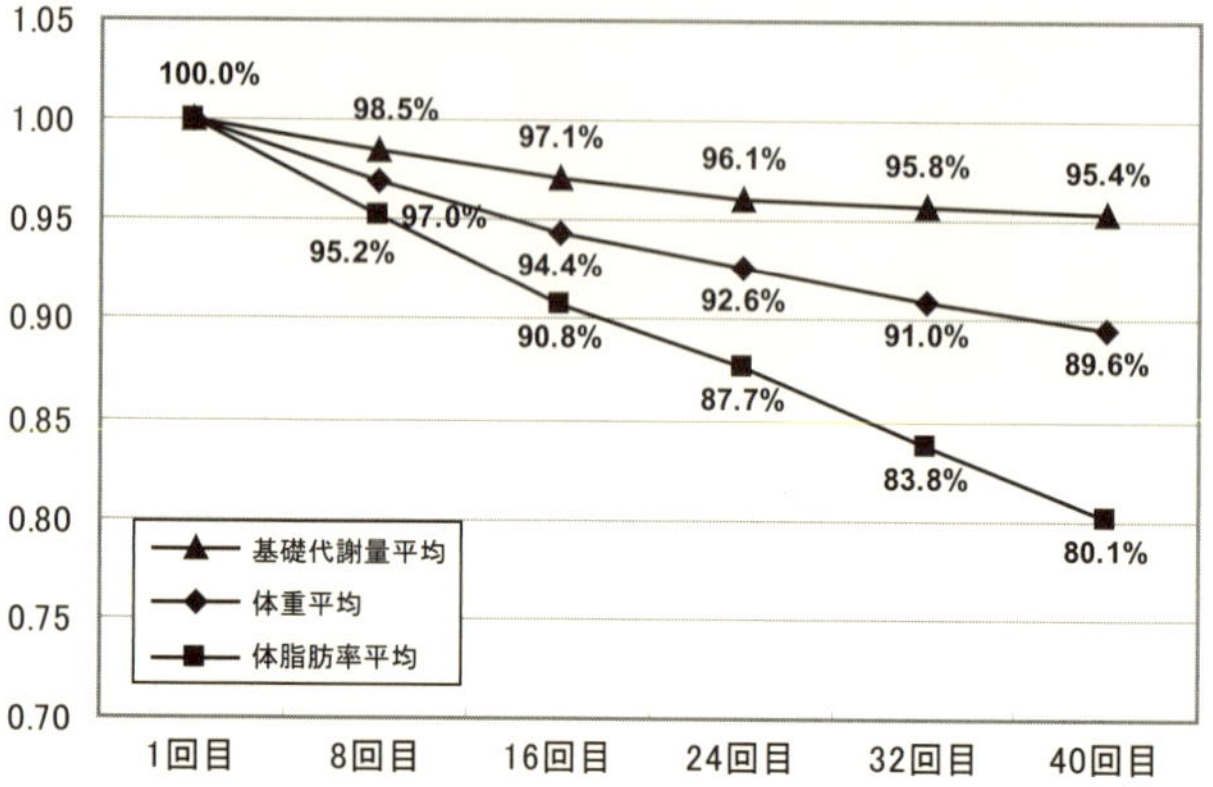

部位別サイズ 相対変化

各部位別の平均減少率を見ると、トリプルバーン痩身法では、ウエスト周りや太ももなど、やせて欲しい部分に顕著な効果があることがわかります。

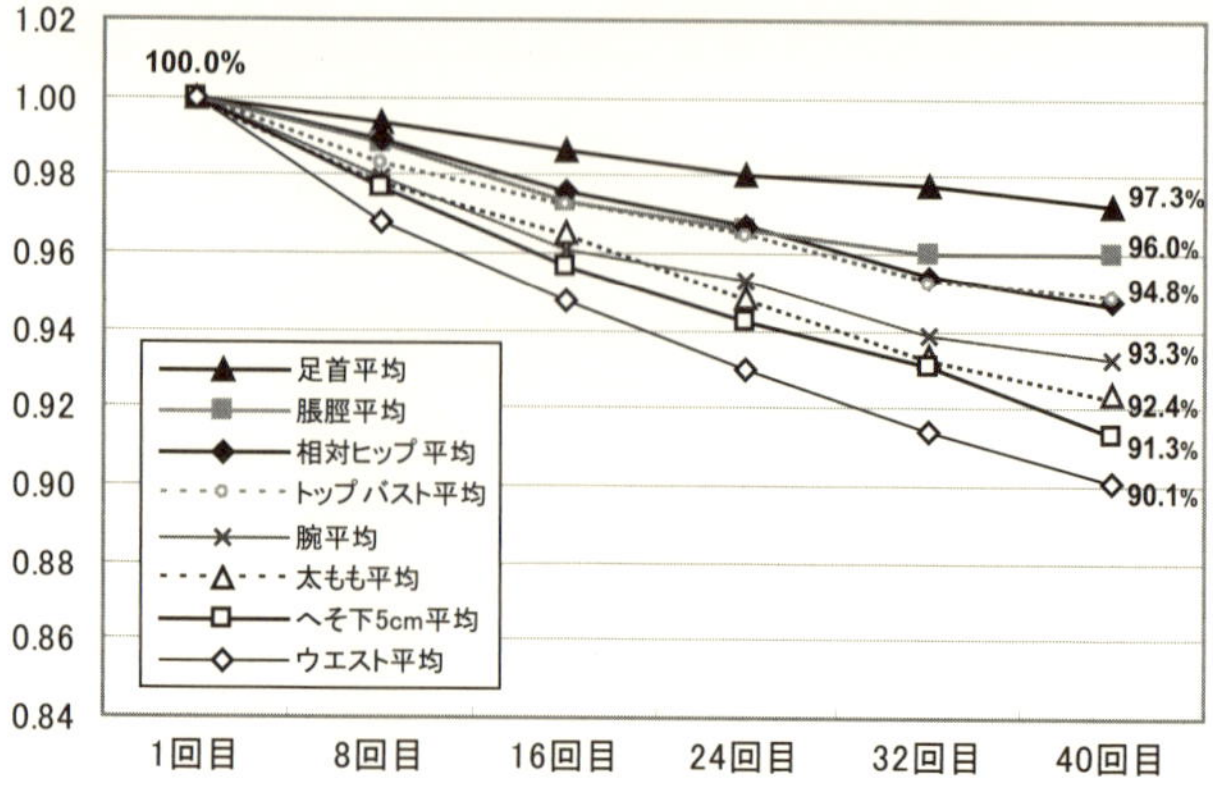

トリプルバーン痩身法で人生が変わる！　お客様の喜びの声

女性編

■独身時代と同じ体重に

今まで、自分自身でいろいろなダイエットをしたけれども痩せなくて、ここに来た時に、1回で効果が実感ができ、続けたら変わるのではないかと期待して入会しました。通っていると、無理なくどんどん体重が落ち、今では、独身時代と同じ体重になり、体も軽く楽になりました。周りの方からの「痩せたね」という声が嬉しいです。（44歳・女性）

■本当に体質改善が出来るなんて驚き！

今まで全く汗もかかない体質でしたが、1回の施術で600グラムも落ち、トイレ回数も1日2、3回だったのが、今では13回に！　本当に体質改善出来るという事にとても驚き、感動しました。まさにミス・パリ様々です！　（26歳・女性）

■満足できる結果が出たのはトリプルバーン痩身法だけ！

今までダイエットに良いという事は全部やってきたけれど、自分が満足する結果に出会えたのはトリプルバーン痩身法だけでした。14キロ減量することができて、見た目が変わっただけでなく、健康診断の結果までパーフェクトに！ さすがにお医者さんもびっくりですよね。そうしたら、そのお医者さんも実はダンディハウスで痩せたというからさらにびっくりです！ 二人でトリプルバーンのすごさを語りました。（笑） （40歳・女性）

■リバウンドしない身体作りを目指しています！

高校時代、体重が70キロ以上になってしまい、そこから食事制限・筋トレなどで52キロまで体重を落としました。でも、自己流ダイエットはすごくつらくて、結局何度もリバウンド。しかし、ミス・パリに来て、ダイエットプロフェッショナルの方々にたくさんアドバイスを頂いて、自分では全く無理していないのに、体重がどんどん減って、サロンに通うことがすごく楽しみになりました。

これからは、リバウンドしない身体を作っていきます。スタッフの方々に出会えて、本当

に良かったです。これからも女磨き、頑張ります!!（26歳・女性）

■今では下着やズボンがブカブカに！

ダイエットセンターに通う事になって、たくさんの食事指導や生活指導をしていただき、自分の生活も正しく変わりました。

セルライトをほぐす技術も最初は痛く、セルライトを感じていましたが、だいぶほぐれて今は痛くなく、ひきしめることが出来る状態までになりました。今では下着やズボンなどがブカブカになりました。（24歳・女性）

■体力がつき、身体を動かすのが楽しくなりました

学生のころから貧血ぎみで、体力、筋肉もなく、どれだけ近くても車やエレベーターに乗っていました。ミス・パリに通い出して、身体が変わり、ウォーキングをするのが日課になりました。

今では、身体を動かすのが楽しくなり、以前出来なかった家事もするようになり、家族が

喜んでいます。もっとミス・パリで体力をつけて、やった事のない事にチャレンジしたいと思っています。（40歳・女性）

■老廃物で濁った汗にビックリ！

元々汗が出やすい体質でしたが、トリプルバーン痩身法を体験し、汗が今までにないくらいたくさん出ました。汗が濁っていた理由を訊ねると、老廃物で濁っているとのことでびっくりしました。筋肉もついたので、見た目もかなり変わりました。施術後は、むくみも軽減されスッキリ感が続いて嬉しいです。（25歳・女性）

■自己流では絶対にできない！

自分で大幅減量はできたものの、残ってしまったセルライトがもう自分ではどうにも出来ないと思い、伺いました。セルライトバーンが最初は痛かったけど、だからこそ効いてる、と実感できました。脂肪がほぐれている感覚を体験してみると、自分ではやはり出来ないことだったな、と改めて思います。太ももマイナス10㎝！　効果に納得です！（25歳・女性）

■スタッフと技術がセットになってこそのトリプルバーン痩身法

自分だけでは絶対マイナス10キロは達成できなかったです。最初は痛かったけれど、結果が出たとき一緒に喜んでくれたり、停滞期の時は励ましてくれるスタッフがいたからまた頑張ろう！　また来ようと思えました。

　スタッフと技術がセットになって、初めてトリプルバーン痩身法というコースになるんだと思います。今までのダイエットは辛いことが多かったですが、この3ヶ月間、とても楽しかったです。（29歳・女性）

■これから新しい洋服を買うのが楽しみです

　昔からコンプレックスだった足が、生まれて初めて細くなったと感じています。ひたすら隠す服ばかり選んでいましたが、今ではひざ下を出したほうが綺麗に見えるので驚きです。まだ今の身体に合った新しいお洋服を買っていないので、これから楽しみです。年齢的に痩せてげっそりしないかも心配でしたが、むしろ身体が健康になったことで肌も綺麗になり、7キロ痩せた今、皆に「最近綺麗になったね」といわれます。（48歳・女性）

■スタッフの応援が励みに

自分でダイエットしても痩せにくくなって、サロンに通い始めました。今までは、好き放題食べていたけれど、スタッフに「足のマッサージ頑張って下さい!!」「次は○キロで来て下さい」と言われると、なんとかしないと!! と必死な自分がいます。通い始めてから旦那も「お尻が小さくなった!!」と変化に気づいてくれるようになりました。定期的な身体のチェックがとても楽しみです。（31歳・女性）

■一番いい状態で式を迎えられそうです

エステに今まで行った事がなかったのでどこがいいか分かりませんでしたが、体験をしてみて1回でも足が軽くなってここにしようと思いました。技術を受け始めて足がすっきりするのを毎回感じることが出来るし、慢性的な肩こりも楽になりました。ウエディングドレスの試着に行ったら、以前に試着した時よりサイズが小さくなっていて嬉しかったです。一番いい状態で式を迎えられそうです。（25歳・女性）

■サロンに来るだけで癒されます

ミス・パリに通い始めたきっかけは、40代になってきて、腹部に脂肪がついてきて、友人に言われ、これはマズイと感じたからです。藤原紀香さんの大ファンで、ミス・パリを選びました。理論もしっかりしていて、すごいです！　納得しました。

ミス・パリに来ると癒され、気分が良くなります。施術は勿論のこと、サロンの雰囲気や清潔感があるところ、接客態度など、来てとても気持ちがよくなります。〝お客様〟としてすごく大事にされているけれど、馴れ馴れしくないところがいいです。友人にキレイになったと言われ、自信がつきました。着るものも変わりました。体の調子もよくなって汗も出やすくなりました。肩こりも楽になりました。体がとにかく楽になり、疲れにくくなりました。痩せる効果が出ているので、これからも続けていきたいです。（43歳・女性）

■腰痛が改善され、サイズダウンにも成功！

以前から腰が悪く、立つ時も前かがみになり、横になれば常にうつ伏せでした。医者からも痩せるよう言われて通い始めたけれど、いつの間にか立っている時に背筋が伸びて、寝ているときは仰向けで無理なく寝られるようになりました。腰痛も以前と比べてとても楽になりました。また、春にきつかったスカートが今じゃブカブカ！　おしゃれにも興味が出てきて楽しいです。本当にトリプルバーン痩身法をやって良かったです。（48歳・女性）

■ここは最後の望みでした

効果が目に見えて出ます。今まで通ってきた2社と違い、長く通っていてもスタッフの接客態度も初めと変ることなく気持ち良く通うことが出来ています。技術力の高さも、長く通えている理由の一つですね。最後の手段と思い、このサロンを選んで本当に良かったです。

（65歳・女性）

■トリプルバーン痩身法で健康な身体を手に入れました

以前なら身体が重くあまり走ることはしませんでしたが、体が軽くなり、電車に乗り遅れそうな時も走れるようになり驚きました。体調も崩しやすかったのが、ミス・パリで健康的に痩せたおかげで、体調を崩しにくくなりました。くびれもでき、主人にも後ろ姿がキレイになったと言われます。

トリプルバーン痩身法に出会ったことで健康な身体を手に入れ、キレイに痩せることができました。（35歳・女性）

■疲れやすい体質に変化が！

疲れやすい体質で、夜1回や2回起きてしまっていたのですが、トリプルバーン痩身法をやってから、ぐっすり眠れて次の日元気になれるのが一番嬉しいですね。

大好きなブランドのスーツを綺麗に着こなすのが目標ではじめたばかりですが、今まで変わらなかった下腹が引っ込んできたのがわかり、最近スカートが入るようになりました。

（50歳・女性）

男性編

■1回で効果を実感

看板を見てどんなものなのか気になり、体験に行かせて頂きました。最初はどんな事をされるのかと思っていましたが、体験すると思った以上に自分の体に脂肪がついていることがわかりました。体験後、1回で効果を実感できたので、続けてみました。サロンに通うたびに、スタッフの皆さんから食事、ストレッチなど教えて頂き、今ではとても健康志向になりました。（35歳・男性）

■タイル状になっていたセルライトがスッキリ！

会社のメタボ診断で、お腹周りを減らすように指摘され、ダンディハウスの門をたたきました。

結果として半年で6㎝以上減りました。タイルのようにへばりついていたセルライトも、セルライトバーンにより柔らかくなり、お腹の出っぱりの厚みが減り、「脂肪が柔らかくなった」と、マッサージの人にも言われるほどです。洋服は、ジーンズが33インチから30インチになって、スーツのウエストは6㎝減り、体重は18年前に戻ってとても嬉しいです！

（58歳・男性）

■生活習慣も代わりました

最初は脂肪がボコボコしていて、このボコボコが本当に無くなるのかと不安でしたが、回数を重ねていくうちに、脂肪のボコボコを感じなくなってきて、それと同時に体重も減っていきました。

ファットバーンの25分間が終わった後も汗が止まらず、これも回数をこなしていくと良さがよく分かってきました。私生活でも食事（夜は炭水化物を食べない、お酒の量が減った等）、ウォーキング、半身浴など、今までした事のなかった事が習慣化しています。目標まで頑張ります！

（59歳・男性）

■トリプルバーン痩身法は間違いなく痩せる技術です

きっかけは、偶然ダンディハウスが入っているビルを通りかかった時に見つけ、その時ちょうど減量している時だったので入ってみて、説明を聞き、とりあえずやってみることに。自分でダイエットしてもなかなか落ちなかったお腹周りが一番気になっていましたが、言われた通りに始めてみると、お腹周りはもちろん、みるみる痩せていくのが分かりました。昔の服も着られるようになり、周りからも「痩せた！」と言われるようになり、通うのが楽しくなりました。肌もツルツルになり、見た目も若返りました。トリプルバーン痩身法は間違いなく痩せる技術です。（42歳・男性）

■これからも続けていきたい

ピーク時は体重が100キロありました。87キロからは自分ではどうしても痩せられなくて、ダンディハウスに来ました。体重も体脂肪も落ちて、本当にダンディハウスに来てよかったです。1ヶ月前に撮った、免許証の写真と今とでは、すでに別人とよく周りの人に言われます。思っていたよりも体重も落ちるので、目標が80キロロだったのが75キロまで目指してこれからも続けていきたいです！（37歳・男性）

■太りづらくなったことにビックリ！

最初は、一度大きくなったお腹はどんなことをしても凹まないとほとんど諦めていました。しかし実際今こうしてお腹が痩せてウエストラインまで出ていることがほんとに信じられない気持ちです。そして今一番驚いているのは痩せたことよりも、太らなくなったことです。以前のように食べたり飲んだりした日があったとしても前のように太らず、体重が戻りやすくなっていることです。

人生の分かれ道だったと思います。本当にトリプルバーン痩身法に、そしてこのサロンのスタッフに出会って良かったです。（42歳・男性）

■20キロの減量に成功しました

仕事の付き合いで、お酒を飲む機会が増え、自分でコントロールできなくなり来店しました。始めは半信半疑でしたが、気が付くと20キロの減量に成功しました。健康診断の結果が良くなり、自分だけでなく家族も喜んでくれました。特に、ファットバーンの有酸素運動が筋肉維持につながったと思います。この年齢のダイエットだから、不安もありましたが、いつ

もスタッフさんが勇気づけてくれました。（50歳・男性）

■身体は細く、心は丸く

とっても健康になりました。体はもちろん、気分的にもです。身体は細くなったし、心は丸くなりました(笑)。着るものは、自分が思っていた以上に小さいサイズが入るようになりました。Mなんて入ることないと思っていましたが、今は逆三角形ボディになり、Mスリムを着ています。鏡を見ることが楽しいです。オシャレに気を遣うことはなかったが、髪型や化粧品も意識するようになりました。「痩せる」ことをきっかけに、見られることに敏感になったようです。「着られたらいいや」から「どうしたらステキか」という考え方に、意識のシフトチェンジがされました。（43歳・男性）

■あと10キロがんばります！

サロンに通うようになってからは、食事のバランスを考えたりするようになりました。仕事で時々飲み会などがあったりしても、食養をきっちりと飲んでいるので始めた頃から無理なく10キロ減らせました。停滞した時も食養、技術、スタッフの方が励ましてくれたので頑張れました。今では、ズボンがゆるゆるです。あと10キロ減頑張ります!!

また、どんなに背中が張っていてもスタッフがたくさんほぐしてくれて気持ち良くていつも寝てしまいます。美顔もしているので顔も小さくなり、顔のコリもほぐれてきました。出張で県外に行く事が多いので、その際も食養を持って行きます。仙台に来る時は痩身モード、東京に出張に行く時はスパゲストハウスに行きリラックスモードです。これからも食養、技術共にきちんと守り目標まで頑張ります。(53歳・男性)

■健康診断で医者が驚くほどの効果が!

病院の健康診断で『糖尿病予備軍』と言われ、痩せようと思いました。今までは運動だけではお腹まわりがどうしても痩せませんでしたが、トリプルバーン痩身法と運動を併用してから、体脂肪がしっかり減り、面白いように痩せてきて、健康診断でも医者が驚くほどデータが改善していました。今は鏡に映った自分の姿を見るのがとても楽しみです。(40歳・男性)

ダイエットプロフェッショナルに聞く！

ここが知りたい！　エステティックサロン徹底活用法Q&A

エステティックサロンに興味はあるけれど、いざとなると「本当に痩せることができるの？」「料金が高いんじゃない？」「自己流ダイエットとどこが違うの？」といった不安や疑問が押し寄せ、なかなかサロンの扉を開く勇気が持てない方も少なくないかもしれません。

また、いざ、サロンに通うと決心しても、今度はさまざまなタイプの中から、どのサロンを選べばいいのかわからないという場合も少なくありません。

せっかくサロンに通うのであれば、まずはサロンの仕組みや施術の内容をしっかりと知り、満足のできるサロン選びをすることがとても大切です。なぜならサロンや、そこで行われる施術に納得がいかなければ、ダイエットの目標を達成するまで、通い続けることができないからです。

そこで実際に『ミスパリ　ダイエットセンター』で活躍しているダイエットプロフェッショナルの方に、みなさんの疑問について、直接お答えいただきました。

Q．サロンでのカウンセリングでは、どんなことを聞かれるのですか？

先日、サロンの体験コースを申し込もうと思ったら「カウンセリングに1時間程度かかります」と言われました。カウンセリングでは、どんなことを聞かれるのでしょうか？

A．現在の生活習慣や過去のダイエット体験などをお聞きします

よく、自分が太る原因がわからないという方がいらっしゃいます。でもその場合でも、よくよくお話を聞いてみると、確かに主食はそれほど食べていないけれど間食が多かったり、就寝前に食事をとることが多かったりと、やはり太るには、それなりの理由があるんですね。

実際に施術をするには、現在の食生活や生活習慣、薬の服用の有無、そしてダイエット経験や病歴、具体的なダイエットの目標などを細かく把握しておく必要があります。そのお話からどうして太ったのかその原因を突き止め、その方に必要な施術を見つけ、さらには金銭的に無理のない範囲でプランを作成します。そのためどうしてもカウンセリングには時間がかかってしまいます。

Q．サロンに通っても、ダイエットに挫折して辞める方は多いですか？

私は今まで何回も自己流でダイエットに挑戦してきましたが、結局、すべて途中で挫折してしまい、そのたびにリバウンドを繰り返して、結果的にダイエット前よりも体重が増えてしまうことの繰り返しでした。だからサロンに通い始めても、本当に目標達成まできちんと通い続けることができるか自信がありません。正直、途中で挫折してやめてしまう方はどのくらいいるのでしょうか？

A．挫折する前に効果が出るので安心です

転勤や転居などでサロンがない地域にお引っ越しされてしまうといったケースを除いて、ダイエットそのものに挫折して途中でサロンを辞めてしまわれる方は２％位です。

トリプルバーン痩身法の場合、5～10キロ程度であれば、挫折する前に結果が出てしまうからです。ダイエットには効率的で合理的な方法が求められます。途中で挫折しないように早い段階で効果を見せてあげるようにしています。

ダイエットプロフェッショナルのワンポイントアドバイス　その1

ダイエットに成功する人の特徴

実はダイエットに成功される方には、大きく分けて二つの共通点があります。一つは性格的に素直な方。ダイエットプロフェッショナルのアドバイスを素直に受け入れて、日常生活の中でもきちんと指導を実行していただける方は、やはり結果が出るのが早いです。

そしてもう一つは、週に2回、きちんとサロンに通ってくださる方。トリプルバーン痩身法の場合、どのくらいの周期でサロンに通うのが一番効率的なのかも、科学的に検証しています。ですから忙しい時は足が遠のき、時間があるときには集中して通うというのではなく、コンスタントに週2回通ってくださる方は、やはりきちんと結果がでます。もちろん、月に数回の来店で、まったく結果が出ないというわけではありませんが、どうしても結果が出るのが遅くなってしまう。すると結果がでないことでダイエットを諦めてしまうという悪循環に陥りがちです。

Q．サロンに通っても、やはり停滞期はきますか？

いままでのダイエットの挫折を振り返ると、やはり停滞期に体重が減らずにダイエットへの意欲が失われてしまうことが原因だったように思います。サロンに通っても、やはり停滞期が来ることは避けられないのでしょうか？

A．サロンには、停滞期を上手に乗り切るノウハウがあります

停滞期とは、それまでの刺激に身体が慣れてしまって、体重が減らなくなる状態をいいます。たとえサロンに通っていても、多くの方が停滞期を経験されます。しかし、サロンには経験豊富なダイエットプロフェッショナルがいます。停滞期には、生理直後の、最もダイエット効果が出やすい時期に集中して施術をしたり、体脂肪や体重に変化はなくても、施術によって身体のラインを整えることはできます。ボディラインの変化をお客様に目で見ていただき、ラインを整えることで今まではいていたジーンズのサイズが一回り小さくなるといったことを体験してもらいます。停滞期を上手に乗り切るノウハウがありますので、安心しておまかせ下さい。

Q.年齢によって効果に違いがある？

私はもう50代。サロンに通っても、本当に効果が期待できるのか疑問です。年齢が高くなってからサロンに通っても、本当に効果があるのでしょうか？

A.ダイエットに年齢は関係ありません。

確かに年齢を重ねると、基礎代謝が低下しますから、若い頃の生活をそのまま続けていると、太りやすくなるのは事実です。でも、だからといってダイエットの効果が現れにくいわけではありません。

私共のサロンでも、過去に76歳の方が、4～5カ月で5～6キロの減量に成功されたケースがあります。この方の場合、膝が悪くなって大好きなゴルフができなくなったことが原因で太り始めたのですが、ダイエットに成功したことで膝への負担も減り、最初は杖をついて来店されていたのに、最後には杖なしで歩けるようになっていました。持病がある、定期的に薬を服用しているといった場合には、ダイエットの効果が現れにくい場合もありますが、健康体であれば、サロンでのダイエットに年齢制限はありません。

ダイエットプロフェッショナルのワンポイントアドバイス　その2

こんな生活習慣が肥満を招く！

太る原因は人さまざまですが、ダイエットに成功する人に特徴があるように、肥満の原因にも一定の傾向があります。

「食事時間や量にムラがある」「夜型の生活」「自分自身に対し、ちょっとだけ甘さがある」「慢性的な運動不足」といったことがその代表的なものです。

たとえば食事の量と時間についてですが、食事の間隔が開きすぎてしまうと、少量でも身体が栄養を一気に吸収してしまいます。ですから同じ量であっても小分けにして、お腹がすいたと感じる前につまむようにします。そして食品についても、同じ500キロカロリーであっても、単品よりも、定食のように栄養バランスが良い方が痩せるためには効果的です。サロンではこうした知識も身に付けることができるのです。

Q. トリプルバーン痩身法は、他のダイエット法となにが違うんですか？

A. トリプルバーン痩身法は効率的に痩せる一番の方法です

意外に思われるかもしれませんが、体重を落とすだけなら、それほど難しいことではありません。極端な話、食べなければ当然体重は減っていきますからね。

しかし、ダイエットの目標は、体重を落とすことではなく、体脂肪を落とすことにあります。太るメカニズム、痩せるメカニズムを知り、科学的根拠に基づいて、体脂肪を落とすために開発されたのがトリプルバーン痩身法です。とにかく無駄がないんです。

私は、トリプルバーン痩身法が導入される前からサロンで働いていましたが、従来のやり方に比べて一番違うなと感じるのが、効果が出るのがとにかく早くなった点です。これはトリプルバーン痩身法のために開発された機器による部分も大きいのですが、この機器の進化により、体重を落としながら部分やせにも同時に対応できるようになった点も、大きいと思います。

Q. 痛みを伴う施術はありませんか？

私は痛みにとても弱いのですが、トリプルバーン痩身法では、さまざま器具を使うと聞きます。電気の強い刺激を受けたり、痛みを感じるような施術が多いのでは、とても続けていく勇気がありません！

A. プロが力加減を調整してくれるから大丈夫！

トリプルバーン痩身法では、基本的には痛みを伴う技術はありません。ただ、セルライトバーンを行うときに、セルライトを分解する過程で、こびりついているセルライトをもみほぐすために、若干痛みを伴う場合があります。しかし強さに関しては、お客様の要望に合わせてダイエットプロフェッショナルが調整するのでご安心を。最初の1～2回、多少の痛みがある場合でも、セルライトが分解されれば不思議なほどに何も感じなくなり、効果が実感できるはずです。

ダイエットプロフェッショナルのワンポイントアドバイス　その3

自己流ダイエットとサロンのダイエットの違いとは

自己流ダイエットとサロンでのダイエットの一番の違いは、やはりきれいに痩せられるという点です。実際に写真などで見比べるとよくわかるのですが、同じように10キロ減量した場合でも、ボディラインの整い方がまったく違います。サロンで痩せた場合には、実際の減量分以上に痩せてみえる効果があります。身体が引き締まるサイズダウンもそうですが、お肌がとてもきれいになります。

また、リバウンドの有無も、大きな違いの一つです。自己流ダイエットで食事制限だけで痩せた場合、筋肉量が減り、基礎代謝が減ってしまうことで、リバウンドしやすい体質になってしまいます。一方、サロンでのダイエット、とくにトリプルバーン痩身法の場合、筋肉量は維持しながら、体脂肪だけを落としていきます。その上、ダイエットプロフェッショナルによる生活習慣の改善アドバイスも受けられますので、ダイエットと同時に体質改善もでき、リバウンドせずに、理想の体重、体型を維持していくことが可能になるのです。

Q. トリプルバーン瘦身法に向いている人、向いていない人はいますか？

トリプルバーン瘦身法は、誰でも実践することができますか？　あまり太り過ぎていると効果がないとか、性格的に向いていないといったことはないのでしょうか？

A. 飽きっぽい人にこそお勧めです

トリプルバーン瘦身法は体型や年齢、太った原因などに関わりなく効果を上げることができます。ましてやこんな性格の人はトリプルバーン瘦身法に向いていないということはありませんが、逆にこんな方にこそチャレンジしていただきたいというのはあります。それは、どんなダイエットも長続きしなかったという、飽きっぽい性格の方です。

飽きっぽい性格の方は、停滞期などでちょっと効果が出づらい時期があると、そこでダイエットを諦めてしまうことが多いんですね。

でも、トリプルバーン瘦身法の場合、たとえ停滞期がきたとしても、そんな時には部分やせ効果で体型を整えたりすることで、毎回なんらかの効果を実感できるので、飽きることなく楽しく続けることができるからです。

Q. トリプルバーン痩身法には食養というメニューがあり、ヘルスフードを購入しないといけないと聞きました。でも、なるべく料金を抑えたいので、必要最低限の施術だけを受けたいというのが正直な気持ちです。食養は、ダイエットを成功させるためにはやはりどうしても摂らなければいけないのでしょうか？

A. 活用した方が効果が早く、しかもスタイルを維持できます

トリプルバーン痩身法は三面美容という考え方に基づいていることは、この本の中でも説明されていますが、その中で内面美容にあたるのが、この食養なんです。

ヘルスフードを活用して、身体の内側から改善していくことで、ダイエットの効果が早く現れますし、体質にあった食養をとることで、目標達成後も、その体型を維持しやすいというメリットもあります。

ダイエットプロフェッショナルに予算的なことも相談してみて下さい。

Q. 30キロ、40キロの減量も可能ですか?

実際にサロンに行ってみると、「あなたがどうしてダイエットが必要なの?」と思うほど、スリムな方が多く、私のように完全な肥満体という方をあまりみかけません。30キロ、40キロといった大幅な減量は、トリプルバーン痩身法では無理なのでしょうか?

A. 8カ月で40キロ減量された方もいます

そんなことはありません。実際サロンでも、90キロ台から50キロ台へと、8カ月で40キロの減量に成功された方もいらっしゃいます。どんなタイプの太り方でも、部分痩せだけを希望する場合でも、大幅な減量から小幅な減量まで、どんな方の、どのような要望にも応える準備があります。それがトリプルバーン痩身法の特徴の一つでもあるからです。

そして、大幅減量を希望する方に、サロンに通われることをお勧めする理由は実はほかにもあります。大幅に減量する場合、単純に体重を落としただけでは、締まりのないたるんだ身体になってしまいます。しかしサロンに通えば、身体のたるみを引き締めながら体脂肪を落としていきますので、とてもきれいに痩せられるのです。

ダイエットプロフェッショナルのワンポイントアドバイス　その4

ダイエットのための、日常生活での注意点

・食事のバランスを整える。とくに夕食の献立、量、食べる時間に注意！
・睡眠をしっかりとる
・1日に摂る水分の目安は2ℓ。尿意がなくてもトイレには1日10回を目安に行く
・お風呂上がりにはしっかり水分補給をする
・セルフマッサージを実践する
・姿勢を正し、寝る前には腹式呼吸をする
・身体を冷やさないよう、生野菜より温野菜、お酒もお湯割りか、最後に必ず温かいお茶を飲むといったように、常温以上の物を食べるよう心がける
・半身浴で身体をじっくりと温める
・甘い物が食べたくなったら、午後2~3時までに食べる
・エスカレーターをやめて階段を使うなど、日常生活の小さな工夫で運動量を増やす

トリプルバーン痩身法を受けられる店舗一覧

〈北日本〉

ダンディハウス 札幌店 ☎ 011-210-0661
ミス・パリ 札幌店 ☎ 011-210-0731
ミスパリダイエットセンター 札幌店 ☎ 011-252-3581
北海道札幌市中央区北一条西 4-2-12 札幌グランドホテル別館 6 階
〒 060-0001 〔最寄駅〕JR「札幌駅」 地下鉄「大通り駅」

ダンディハウス イオン旭川西店 ☎ 0166-50-3061
ミスパリダイエットセンター イオン旭川西店 ☎ 0166-50-3071
北海道旭川市緑町 23-2161-3 イオン旭川西 SC 2 階 〒 070-0823
〔最寄駅〕JR「近文駅」

ダンディハウス 仙台駅前店 ☎ 022-212-3141
ミス・パリ 仙台駅前店 ☎ 022-212-3171
宮城県仙台市青葉区中央 2-1-5 青葉 21 ビル 5 階 〒 980-0021
〔最寄駅〕JR・地下鉄「仙台駅」

ダンディハウス イオン石巻店 ☎ 0225-21-5031
ミス・パリ イオン石巻店 ☎ 0225-21-5032
宮城県石巻市蛇田字新金沼 170 番地 イオン石巻 SC 1 階 〒 986-0861
〔最寄駅〕JR「蛇田駅」

ダンディハウス 新潟店 ☎ 025-290-2061
ミス・パリ 新潟店 ☎ 025-290-2161
新潟県新潟市中央区弁天 1-1-22 東信新潟ビル 4 階 〒 950-0901
〔最寄駅〕JR「新潟駅」

ダンディハウス おやまゆうえん店 ☎ 0285-20-1561
ミス・パリ おやまゆうえん店 ☎ 0285-20-1562
栃木県小山市喜沢 1475 番地 おやまゆうえんハーヴェストウォーク内 YB 棟 2 階
〒 323-0014 〔最寄駅〕JR「小山駅」

〈東京都〉

ダンディハウス　新宿本店　☎ 03-5908-4051
ミス・パリ　新宿本店　☎ 03-5908-4052
東京都新宿区西新宿 1-5-11　新宿三葉ビル 1 階　〒 160-0023
〔最寄駅〕JR・丸ノ内・小田急・京王線「新宿駅」　西武新宿線「西武新宿駅」

ミス・パリ　ルミネエスト新宿店　☎ 03-5363-0361
東京都新宿区新宿 3-38-1　ルミネエスト新宿店 5 階　〒 160-0022
〔最寄駅〕JR・丸ノ内・小田急・京王線「新宿駅」

ダンディハウス　池袋店　☎ 03-3988-8131
ミス・パリ　池袋店　☎ 03-3988-8121
東京都豊島区池袋 2-2-1　ウイックスビル 4 階　〒 171-0014
〔最寄駅〕JR・地下鉄「池袋駅」西口

ダンディハウス　渋谷ハチ公口店　☎ 03-5784-3361
ミス・パリ　渋谷ハチ公口店　☎ 03-5784-3362
東京都渋谷区神南 1-22-8　渋谷東日本ビル 9 階　〒 150-0041
〔最寄駅〕JR・銀座線「渋谷駅」

ダンディハウス　赤坂店　☎ 03-3568-2381
ミス・パリ　赤坂店　☎ 03-3568-2382
東京都港区赤坂 6-6-3　SUH 赤坂 2 階　〒 107-0052
〔最寄駅〕千代田線「赤坂駅」　銀座線「溜池山王駅」

ダンディハウス　銀座店　☎ 03-3572-1371
東京都中央区銀座 5-9-1　銀座幸ビル 5 階　〒 104-0061
〔最寄駅〕地下鉄「銀座駅」

ミス・パリ　銀座店　☎ 03-3572-1180
東京都中央区銀座 5-5-14　GINZAGATES 4 階　〒 104-0061
〔最寄駅〕地下鉄「銀座駅」　JR「有楽町駅」

ダンディハウス　上野店　☎ 03-3834-7551
東京都台東区上野 4-5-5455　上野ビル 7 階　〒 110-0005
〔最寄駅〕JR「上野駅」

ダンディハウス　錦糸町店　☎ 03-5600-6641
東京都墨田区江東橋 2-14-7　錦糸町サンライズビル 8 階　〒 130-0022
〔最寄駅〕JR・地下鉄「錦糸町駅」

ダンディハウス　自由が丘店　☎ 03-5729-6091
ミス・パリ　自由が丘店　☎ 03-5729-6092
東京都目黒区自由が丘 2-9-19　自由が丘 8953 ビルコリーヌ地下 1 階
〒 152-0035　〔最寄駅〕東急東横・大井町線「自由が丘駅」

ダンディハウス　町田店　☎ 042-720-8871
東京都町田市原町田 6-13-20　アズハーツ地下 1 階　〒 194-0013
〔最寄駅〕JR・小田急「町田駅」

ダンディハウス　吉祥寺店　☎ 0422-23-7761
東京都武蔵野市吉祥寺本町 1-4-18　ジョージフォーラムビル 4 階　〒 180-0004
〔最寄駅〕JR・京王線「吉祥寺駅」

ダンディハウス　立川店　☎ 042-548-4331
ミス・パリ　立川店　☎ 042-548-4341
東京都立川市柴崎町 3-7-16　立川ワシントンホテル 2 階　〒 190-0023
〔最寄駅〕JR「立川駅」　多摩都市モノレール「立川南駅」

ダンディハウス　アリオ西新井店　☎ 03-5845-6081
ミス・パリ　アリオ西新井店　☎ 03-5845-6082
東京都足立区西新井栄町 1-20-1　アリオ西新井 2 階　〒 123-0843
〔最寄駅〕東武伊勢崎線「西新井駅」

〈関東近郊〉

ダンディハウス 横浜店 ☎ 045-316-1021
ミス・パリ 横浜店 ☎ 045-316-1003
神奈川県横浜市西区北幸 1-5-10 東京建物横浜ビル 6 階 〒 220-0004
〔最寄駅〕 JR・相鉄線・京浜急行・地下鉄「横浜駅」

ダンディハウス 川崎店 ☎ 044-230-3121
神奈川県川崎市川崎区駅前本町 11-1 パシフィックマークス川崎 〒 210-0007
〔最寄駅〕 JR・京浜急行「川崎駅」

ダンディハウス 大宮店 ☎ 048-658-4611
ミス・パリ 大宮店 ☎ 048-658-8311
埼玉県さいたま市大宮区桜木町 2-8-2 第二金子ビル 6 階 〒 330-0854
〔最寄駅〕 JR「大宮駅」

ダンディハウス イオンレイクタウン越谷店 ☎ 048-990-3251
ミスパリダイエットセンター イオンレイクタウン越谷店 ☎ 048-990-3252
埼玉県越谷市東町 4-21-1 イオンレイクタウン KAZE 1 階 〒 343-0826
〔最寄駅〕 JR「越谷レイクタウン駅」

ダンディハウス 千葉店 ☎ 043-204-3301
千葉県千葉市中央区新千葉 2-7-10 ミスパリシャトー 5 階 〒 260-0031
〔最寄駅〕 JR「千葉駅」

ミスパリダイエットセンター 千葉店 ☎ 043-204-3302
千葉県千葉市中央区新千葉 2-7-10 ミスパリシャトー 6 階 〒 260-0031
〔最寄駅〕 JR「千葉駅」

ダンディハウス イオンモール千葉ニュータウン店 ☎ 0476-47-0521
ミス・パリ イオンモール千葉ニュータウン店 ☎ 0476-47-0571
千葉県印西市中央北 3-2 イオンモール千葉ニュータウン 1 階 〒 270-1350
〔最寄駅〕 北総線「千葉ニュータウン中央駅」

ダンディハウス　柏店　☎ 04-7162-4151
ミス・パリ　柏店　☎ 04-7162-4161
千葉県柏市柏 1-1-7　柏池松ビル 5 階　〒 277-0005
〔最寄駅〕JR「柏駅」

ダンディハウス　けやきウォーク前橋店　☎ 027-220-1101
ミス・パリ　けやきウォーク前橋店　☎ 027-220-1771
群馬県前橋市文京町 2-1-1　けやきウォーク前橋 1 階　〒 371-0801
〔最寄駅〕JR「前橋駅」

〈東海〉

ダンディハウス　名古屋駅前店　☎ 052-564-1711
ミス・パリ　名古屋駅前店　☎ 052-564-1751
愛知県名古屋市中村区名駅 4-26-10　名駅ファーストビル 7 階　〒 450-0002
〔最寄駅〕名鉄·近鉄·JR「名古屋駅」

ダンディハウス　名古屋栄本店　☎ 052-957-3120
ミス・パリ　名古屋栄本店　☎ 052-957-3121
愛知県名古屋市東区東桜 1-8-3　ミスパリシャトー 1 階　〒 461-0005
〔最寄駅〕市営地下鉄「久屋大通駅」、「栄駅」、「高岳駅」　名鉄瀬戸線「栄町駅」

ダンディハウス　ヒルトン名古屋店　☎ 052-218-2091
ミス・パリ　ヒルトン名古屋店　☎ 052-218-2090
愛知県名古屋市中区栄 1-3-3　ヒルトン名古屋 B1 階　〒 460-0008
〔最寄駅〕名鉄·近鉄·JR「名古屋駅」　地下鉄東山線·鶴舞線「伏見駅」

ダンディハウス　イオン有松店　☎ 052-626-2321
ミス・パリ　イオン有松店　☎ 052-626-2322
愛知県名古屋市緑区鳴海町字有松裏 200　イオン有松ショッピングセンター 2 階
〒 458-0824　〔最寄駅〕名鉄「有松駅」

ダンディハウス　イオン千種店　☎ 052-745-0171

ミス・パリ イオン千種店 ☎ 052-745-0181
愛知県名古屋市千種区千種 2-16-13 イオン千種ショッピングセンター 2 階
〒 464-0858 〔最寄駅〕JR「千種駅」、「鶴舞駅」

ダンディハウス 静岡店 ☎ 054-205-0091
ミス・パリ 静岡店 ☎ 054-205-0291
静岡県静岡市葵区黒金町 49 パルシェ 7 階 〒 420-0851
〔最寄駅〕JR「静岡駅」

ダンディハウス イオン浜松市野店 ☎ 053-411-3471
ミス・パリ イオン浜松市野店 ☎ 053-411-3472
静岡県浜松市東区天王町字諏訪 1981-3 イオン浜松市野 SC 2 階 〒 435-0052
〔最寄駅〕遠州鉄道「遠州上島駅」

ダンディハウス 富山店 ☎ 076-439-2521
ミス・パリ 富山店 ☎ 076-439-2522
富山県富山市新富町 1-2-3 CIC ビル 2 階 〒 930-0002
〔最寄駅〕JR「富山駅」

〈関西〉

ダンディハウス 梅田店 ☎ 06-6311-0821
ミス・パリ 梅田店 ☎ 06-6311-2131
大阪府大阪市北区曽根崎 2-2-18 ミスパリシャトー 1 階 〒 530-0057
〔最寄駅〕JR・阪神・阪急・地下鉄「梅田駅」 地下鉄「東梅田駅」

スパ ミスパリ＆ダンディハウス ホテルニューオータニ大阪店 ☎ 06-4790-7151
大阪府大阪市中央区城見 1-4-1 ホテルニューオータニ大阪 3 階 〒 540-8578
〔最寄駅〕JR「大阪城公園駅」 地下鉄「大阪ビジネスパーク駅」

ダンディハウス なんば店 ☎ 06-6636-7551
ミス・パリ なんば店 ☎ 06-6636-5321
大阪府大阪市中央区難波 3-5-11 東亜ビル 7 階 〒 542-0076

〔最寄駅〕御堂筋線「なんば駅」

ダンディハウス 天王寺店 ☎06-6624-4320
ミスパリダイエットセンター 天王寺店 ☎06-6624-5681
大阪府大阪市阿倍野区阿倍野筋 2-1-37 東陽ビル 3 階 〒545-0052
〔最寄駅〕JR「天王寺駅」 近鉄「あべの橋駅」

ダンディハウス 京橋京阪モール店 ☎06-6358-4110
ミスパリダイエットセンター 京橋京阪モール店 ☎06-6358-6581
大阪府大阪市都島区東野田町 2-1-38 京阪モールホテル館 6 階
〒534-0024 〔最寄駅〕京阪・JR・地下鉄長堀鶴見緑地線「京橋駅」

ダンディハウス アリオ鳳店 ☎072-260-5371
ミス・パリ アリオ鳳店 ☎072-260-5381
大阪府堺市西区鳳南町 3-199-12 アリオ鳳 2 階 〒593-8325
〔最寄駅〕JR「鳳駅」、「富木駅」

ダンディハウス 千里中央店 ☎06-6871-4711
ミス・パリ 千里中央店 ☎06-6871-4611
大阪府豊中市新千里東町 1-5-2 千里セルシー 3 階 〒560-0082
〔最寄駅〕地下鉄・モノレール「千里中央駅」

ダンディハウス 京都店 ☎075-221-0890
ミスパリダイエットセンター 京都店 ☎075-221-0901
京都府京都市下京区四条通寺町東入 2 丁目御旅町 46 ベネトンビル 4 階 〒600-8002
〔最寄駅〕阪急「四条河原町駅」 京阪「四条駅」 市営地下鉄「四条烏丸駅」

ミス・パリ 京都店 ☎075-221-0261
京都府京都市下京区四条通柳馬場南西角 105 モンブラン京都ビル 3 階
〒600-8006 〔最寄駅〕阪急「四条河原町駅」、「烏丸駅」 市営地下鉄「四条駅」

ダンディハウス 西大寺店 ☎0742-33-2820
ミス・パリ 西大寺店 ☎0742-35-0833

奈良県奈良市西大寺栄町 3-20 ポポロビル 3 階　〒 631-0822
〔最寄駅〕近鉄「大和西大寺駅」

ダンディハウス 神戸店　☎ 078-251-1941
ミス・パリ 神戸店　☎ 078-251-1961
兵庫県神戸市中央区磯上通 8-3-10 三宮三和東洋ビル 10 階　〒 651-0086
〔最寄駅〕JR·阪神·阪急「三宮駅」

ダンディハウス 阪急西宮ガーデンズ店　☎ 0798-62-4121
ミス・パリ 阪急西宮ガーデンズ店　☎ 0798-62-4122
兵庫県西宮市高松町 14-2 阪急西宮ガーデンズ 5 階　〒 663-8204
〔最寄駅〕阪急「西宮北口駅」

ダンディハウス 岡山店　☎ 086-235-5381
ミスパリダイエットセンター 岡山店　☎ 086-235-5382
岡山県岡山市北区駅元町 1-4 ターミナルスクエアビル 2 階　〒 700-0024
〔最寄駅〕JR「岡山駅」

ダンディハウス 広島店　☎ 082-545-3521
ミスパリダイエットセンター 広島店　☎ 082-545-3541
広島県広島市中区立町 1-24 有信ビル 4 階　〒 730-0032
〔最寄駅〕広電「立町」、「八丁堀駅」　JR「広島駅」

〈九州〉

ダンディハウス 福岡天神店　☎ 092-732-0031
ミス・パリ 福岡天神店　☎ 092-732-0030
福岡県福岡市中央区天神 2-5-16 TENJIN216 ビル 3 階　〒 810-0001
〔最寄駅〕西鉄「福岡駅」　地下鉄「天神駅」

ダンディハウス 小倉店　☎ 093-513-0811
ミス・パリ 小倉店　☎ 093-513-6751
福岡県北九州市小倉北区京町 3-1-1 コレット井筒屋 /I'm 専門店街 11 階

〒 802-0002 〔最寄駅〕JR「小倉駅」

ダンディハウス イオンモール熊本クレア店 ☎ 096-235-2241
ミス・パリ イオンモール熊本クレア店 ☎ 096-235-2251
熊本県上益城郡嘉島町大字上島字長池 2232 イオンモール熊本クレア 1 階
〒 861-3106 〔最寄駅〕JR「熊本駅」交通センターより直通バス

〈ミスパリダイエットセンター〉

ミスパリダイエットセンター 名古屋金山店 ☎ 052-332-6011
愛知県名古屋市中区金山 1-15-10 三井生命金山ビル 9 階 〒 460-0022
〔最寄駅〕JR・名城線「金山駅」

ミスパリダイエットセンター 名古屋 mozo ワンダーシティ店 ☎ 052-506-7261
愛知県名古屋市西区二方町 40 名古屋 mozo ワンダーシティ 4 階 〒 452-0817
〔最寄駅〕名鉄犬山線「上小田井駅」 東海交通事業城北線「小田井駅」

ミスパリダイエットセンター 上野店 ☎ 03-3834-9611
東京都台東区上野 2-12-23 U-ONE ビル 5 階 〒 110-0005
〔最寄駅〕JR・銀座線「上野駅」 銀座線「上野広小路駅」

ミスパリダイエットセンター 新宿店 ☎ 03-3343-5351
東京都新宿区西新宿 1-18-17 ラウンドクロス西新宿 4 階 〒 160-0023
〔最寄駅〕JR・丸ノ内・小田急・京王線「新宿駅」 西武新宿線「西武新宿駅」

ミスパリダイエットセンター 町田店 ☎ 042-720-8861
東京都町田市原町田 6-13-20 アズハーツ 33 2 階 〒 194-0013
〔最寄駅〕JR・小田急「町田駅」

ミスパリダイエットセンター イオンモール川口キャラ店 ☎ 048-263-5371
埼玉県川口市前川 1-1-11 イオンモール川口キャラ 2 階 〒 333-0842
〔最寄駅〕JR「蕨駅」

ミスパリダイエットセンター 蒲田店 ☎ 03-3733-3881

東京都大田区西蒲田 7-67-14 SANKOFLEX ビル 4 階　〒 144-0051
〔最寄駅〕 JR「蒲田駅」　東急池上線・東急多摩川線「蒲田駅」

ミスパリダイエットセンター 川越店　☎ 049-227-7351
埼玉県川越市脇田町 18-1 川越駅前ビル 3 階　〒 350-1122
〔最寄駅〕 JR・東武東上線「川越駅」

ミスパリダイエットセンター 梅田店　☎ 06-4709-2251
大阪府大阪市北区曽根崎 2-15-24 曽根崎東ビル 8 階　〒 530-0057
〔最寄駅〕 JR「大阪駅」　阪急・阪神・地下鉄「梅田駅」

ミスパリダイエットセンター モザイク銀座阪急店　☎ 03-6254-7711
東京都中央区銀座 5-2-1 モザイク銀座阪急 2 階　〒 104-0061
〔最寄駅〕 丸ノ内・日比谷・銀座線「銀座駅」　JR「有楽町駅」

ミスパリダイエットセンター 徳島店　☎ 088-602-1561
徳島県徳島市元町 1 丁目 24 アミコ専門店街 1 階　〒 770-0834
〔最寄駅〕 JR「徳島駅」

ミスパリダイエットセンター イオンモール名取エアリ店　☎ 022-381-1621
宮城県名取市杜せきのした 5-3-1 イオンモール名取エアリ 2 階　〒 981-1227
〔最寄駅〕 仙台空港アクセス鉄道「杜せきのした駅」

ミスパリダイエットセンター イオンモール羽生店　☎ 048-560-3011
埼玉県羽生市川崎 2-281-3 イオンモール羽生 SC 2 階　〒 348-0039
〔最寄駅〕 東武伊勢崎線「羽生駅」

ミスパリダイエットセンター イオンモール日の出店　☎ 042-588-8671
東京都西多摩郡日の出町大字平井字三吉野桜木 237-3 イオンモール日の出 2 階
〒 190-0182 〔最寄駅〕 JR「武蔵引田駅」

ミスパリダイエットセンター イーアスつくば店　☎ 029-868-7351
茨城県つくば市研究学園 C50 街区 1 イーアスつくば 2 階　〒 305-0817
〔最寄駅〕 つくばエクスプレス「研究学園駅」

ミスパリダイエットセンター　モザイクモール港北店　☎ 045-914-3761
神奈川県横浜市都筑区中川中央 1-31-1　モザイクモール港北 2 階
〒 224-0003　〔最寄駅〕横浜市営地下鉄 3 号線「センター北駅」

ミスパリダイエットセンター　ゆめタウン高松店　☎ 087-869-8581
香川県高松市三条町 608-1　ゆめタウン高松 1 階　〒 761-8072
〔最寄駅〕JR「三条駅」

ミスパリダイエットセンター　渋谷店　☎ 03-3463-9311
東京都渋谷区桜丘町 24-2　第三富士商事ビル 2 階　〒 150-0031
〔最寄駅〕JR・銀座線「渋谷駅」

ミスパリダイエットセンター　横浜店　☎ 045-316-1014
神奈川県横浜市西区北幸 2-10-36　横浜西口 SIA ビル 1 階　〒 220-0004
〔最寄駅〕JR・相鉄線・京浜急行・地下鉄「横浜駅」

ミスパリダイエットセンター　ららぽーと新三郷店　☎ 048-950-1451
埼玉県三郷市新三郷ららシティ 3-1-1　ららぽーと新三郷 2 階　〒 341-0009
〔最寄駅〕JR「新三郷駅」

ミスパリダイエットセンター　ららぽーと磐田店　☎ 0538-59-0461
静岡県磐田市高見丘 1200 番地　ららぽーと磐田 2 階　〒 438-0801
〔最寄駅〕JR「磐田駅」

ミスパリダイエットセンター　津田沼パルコ店　☎ 047-403-5591
千葉県船橋市前原西 2-18-1　津田沼パルコ B 館 6 階　〒 274-0825
〔最寄駅〕JR「津田沼駅」　新京成線「新津田沼駅」

ミスパリダイエットセンター　福岡天神店　☎ 092-738-3631
福岡県福岡市中央区大名 2-1-35　トライエント山崎ビル 7 階　〒 810-0041
〔最寄駅〕西鉄「福岡駅」　地下鉄「天神駅」

ミスパリダイエットセンター　錦糸町店　☎ 03-5608-7681
東京都墨田区錦糸 3-2-1　アルカイースト 2 階　〒 130-0013

〔最寄駅〕JR・地下鉄「錦糸町駅」

〈海外〉

ミスパリダイエットセンター 香港セントラル店 ☎(+852)2536-4888
Miss Paris Diet Center Hong Kong Central / 蜜絲芭莉纖體中心 中環分店
Shop E&F, 2nd Floor, Entertainment Building, 30 Queen's Road Central Hong Kong
香港中環皇后大道中 30 號娛樂行 2 樓 E,F 室

ダンディハウス 香港セントラル店 ☎(+852)2526-6671
Dandy House Hong Kong Central /丹邸好士 中環分店
Shop B 9th Floor, Entertainment Building, 30 Queen's Road Central Hong Kong
香港中環皇后大道中 30 號娛樂行 9 樓 B 室

ダンディハウス コーズウェイベイ店 ☎(+852)2972-2301
Dandy House Hong Kong Causeway Bay / 丹邸好士 銅鑼灣分店
Shop2,32nd Floor, Soundwill Plaza, 38 Russell Street, Causeway Bay, Hong Kong
香港銅鑼灣羅素街 38 號金朝陽中心 32 樓 2 室

ミス・パリ カオルーン店 ☎(+852)2314-2611
Miss Paris Kowloon /蜜絲芭莉 九龍分店
8/F Austin Plaza, 83 Austin Road, Jordan, Kowloon, Hong Kong
香港九龍佐敦柯士甸 83 號柯士甸廣場 8 樓

ダンディハウス 上海店 ☎(+86)21-6426-9755-58
ミス・パリ 上海店 ☎(+86)21-6426-9750-53
Beauty Spa Miss Paris & Dandy House
3/F Tower 22, 523-15 Commercial Street, Sinan Mansion, No. 258 ChongQing South Road, Shanghai, China
中国上海市重庆南路 258 号 思南公馆 523-15 商业街门牌 22 号 3 楼

究極のダイエット
トリプルバーン痩身法

二〇一〇年十一月二十日　初版第一刷発行

著　者　下村朱美
装　丁　静野あゆみ
構　成　別当律子
イラスト　斉藤好和
発行者　宮島正洋
発行所　株式会社アートデイズ
〒160-0008　東京都新宿区三栄町17 V四谷ビル
電　話　(〇三)三三五三―二二九八
FAX　(〇三)三三五三―五八八七
http://www.artdays.co.jp

印刷所　図書印刷株式会社